학교현장을 위한
회복적 학생생활교육

대장간

옮긴이

이재영은 미국 버지나아 주의 이스턴 메노나이트 대학교(Eastern Men-
nonite University)에서 갈등 전환학 석사(M.A. in Conflict Transforma-
tion)를 졸업했다. 현재 한국평화교육훈련원(KOPI)과 사)한국회복적정의협
회 책임자로 일하고 있다. 회복적 정의와 관련된 교육훈련을 통해 회복적 정
의 운동이 학교, 사법, 도시로 확산되는 일을 실천하고 있다. 현재 남양주 덕
소에 위치한 피스빌딩 공동체에서 가족과 동료들과 같이 살고 있다.

정용진은 진보매체에서 정치부 기자로 활동하다 2007년 회복적 정의를
만나고 갈등을 대결이 아닌 상생의 기회로 전환시킬 수 있는 가능성을 발견
해 갈등해결과 평화운동 분야에 뛰어들었다. 고신대학교 신학과를 졸업하고,
Northeast Asia Peacebuilding Institute (NARPI), Community Justice
Initiatives Association(CJI, Canada) 등에서 평화교육과 트라우마의 이
해, 건강한 공동체 형성과 갈등조정 과정을 수료했으며, 한국평화교육훈련원
(KOPI), 사)한국회복적정의협회(KARJ) 설립을 함께 한 이래 현재 한국평화
교육훈련원의 교육센터 소장을 맡아 평화교육 연구와 훈련을 진행하고있다.
남양주 덕소의 피스빌딩에서 사랑하는 아내와 동료들과 더불어 공동체로 살
아가고 있다.

학교현장을 위한
회복적 학생생활교육

로레인 수투츠만 암스투츠, 쥬디 H. 뮬렛 지음
이재영, 정용진 옮김

정의와 평화 실천 시리즈
학교 현장을 위한 **회복적 학생생활교육**

지은이	로레인 수투츠만 암스투츠, 쥬디 H. 뮬렛
옮긴이	이재영, 정용진
재판1쇄	2017년 8월 21일
재판3쇄	2024년 8월 1일

펴낸이	배용하
본문디자인	윤순하
등록	제364-2008-000013호
펴낸곳	도서출판 대장간
	www.daejanggan.org
등록한곳	대전광역시 동구 우암로 75-21
편집부	전화 (042) 673-7424
영업부	전화 (042) 673-7424전송 (042) 623-142

분류	학교	회복적 정의
ISBN	978-89-7071-422-6 13370

이 책은 저작권법에 의해 보호를 받는 출판물입니다.
기록된 형태의 허락 없이는 무단 전재와 복제를 금합니다.

값 9,000원

차례

추천의 글

우리 학교와 학급에 맞는 모델을 만들어가는 디딤돌이 되길

최근 각 지역별로 학생인권조례 제정 흐름이 이어지면서 학생생활교육이 큰 혼란을 겪고 있다. 신체적 체벌 금지에 대해서는 어느 정도 합의가 이루어지고 있지만 학교의 규칙을 지키지 않거나 교사의 권위와 정당한 교육을 따르지 않는 학생, 다른 친구들을 괴롭히거나 폭력을 행사하는 학생들에 대해서는 체벌이 아닌 어떤 방법을 통해 교육할 것인가에 대해서는 제대로 된 합의가 이루어지지 않은 상황이다.

물론 학교 현장에서는 체벌 없는 생활교육을 위해 벌점제 강화, 성찰교실 운영 등의 노력을 하고 있고, 교육청 차원에서는 단위 학교에서 선도가 불가능한 학생을 위한 대안교육센터 마련, 분쟁조정위원회 설치 등과 같은 논의를 진행하고 있다. 하지만 문제는 이러한 대안적인 생활교육을 위한 노력들도 잘못한 학생에게 엄한 벌을 주어서 그 학생의 잘못을 제재한다는 기존의 생활교육의 틀을 그대로 가지고 있다. 다만 그 엄한 벌의 방법에 있어서 즉각적인 신체적인 체벌이 아닌 자유의 구속이나 격리, 특별 교육 등의 방법으로 변화를 모색하고 있을 뿐이다.

이 책은 이러한 생활교육의 오랜 관성에 대해 근본적인 의문을 제기한다. 체벌이든 대안적인 벌이든 관계없이 학생의 잘못에 대해 엄한 벌을 내리는 방식이 실제로 잘못을 저지른 학생들로 하여금 자신의 행동이 다른 사람에게 미친 피해의 심각성을 느끼고, 그 사람에 대해 미안함을 느끼며, 그 사람에 대해 자신이 어떻게 보상해줄 것인가 하는 책임감을 느끼게 했느냐 하는 것이다. 오히려 그 학생은 학교로부터 어떤 형태든 벌을 받음으로 인해 자신이 피해자가 되고 억울해하며 원망하고, 자신이 피해를 입힌 사람에 대해서는 전혀 미안함과 책임감을 느끼지 못하게 하는 것은 아닌가 하는 것이다.

이 책은 여기에서 더 나아가 우리가 잘못을 저지른 학생에게 엄벌로 대응하면서 정작 그 학생의 잘못으로 인해 피해를 입은 사람들의 마음의 치유와 회복에는 관심을 갖지 않는다는 문제를 지적하고 있다. 뿐만 아니라 우리는 이러한 잘못된 행동을 법과 규칙이라는 비인격적인 처리에 맡겨버리고, 마땅히 주변 사람들이 공동체적으로 개입하고 함께 문제를 해결해가며 서로의 마음을 풀어주어야 할 책임을 회피하고 있는 것은 아닌가 하는 문제도 제기하고 있다.

이러한 접근은 그 동안 우리가 한 번도 고민해 보지 못한 부분들이기 때문에 우리를 불편하게 만든다. 하지만 이 책이 설명하는 회복적 학생생활교육의 철학과 원리, 방법들을 따라가다 보면 그 동안 우리의 사고들이 얼마나 비인격적인 제도주의 물들어져 있었는가 하는 것이 아프게 다가온다. 그리고 어차피 죄인 된 사람들이 사회를 이루어 살아가다 보면 여러 잘못이 발생하기 마련인데, 이를 인격적, 치유적, 회복적, 공동체적 관점에서 보고, 느리고 에너지가 많이 소모되더라도 사람을 중심에 놓고 접근하는 것이 성경적이며 또 교육적임을 동의하게 된다.

물론 이 책은 현재 우리가 겪고 있는 체벌금지 이후의 학생생활교육의 문제를 완벽히 해결할 수 있는 도깨비 방망이 같은 방법을 제시하고 있지는 않다. 하지만 학생생활교육에 대한 새로운 관점을 열어주는 데는 부족함이 없다. 그리고 미국적 맥락이긴 하지만 구체적인 방법과 사례들도 몇 가지 제시하고 있다. 하지만 이 내용을 우리의 학교와 교실에서 적용하고 우리 학교 현실에 맞는 방법과 사례를 만들어내는 것은 우리 학교와 교사들의 몫이라고 할 수 있다.

바라건대, 체벌금지와 학생인권조례 이후 새로운 학생생활교육의 대안을 찾고 있는 한국의 학교 상황 가운데서, 기독교사들이 먼저 회복적 학생생활교육의 모델을 만들고 제시할 수 있으면 좋겠다. 그래서 기독교사운동이 생활교육의 영역에서 한국 교육에 소중한 기여를 할 수 있게 되길 소망한다.

2011. 7. 13

정병오
좋은교사운동 대표

역자 서문

이 책은 두 사람이 함께 번역했다. 회복적 학생생활교육의 이론가와 현장 활동가가 함께 이 책을 썼던 것처럼, 우리도 국내 회복적 정의 운동 활동팀으로서 이론 및 현장 전문가와 번역 및 출판 실무자가 함께 협력했다. 협력하면 유익한 점이 많다. 서로 오역을 다듬고 더 적합한 용어 선정을 위해 머리를 맞댄다. 문제를 공동으로 함께 풀어가는 것이다. 그런 의미에서 우리는 이 책에서 제시하는 협력하고 대화하는 회복적 방식을 이 책을 만드는 내내 계속 해 온 셈이다.

이 책을 번역하는 동안에도 이재영 간사는 학교폭력의 피해자와 가해자 측을 만나느라 분주했다. 조정자로서 매번 학교에서 벌어진 문제 때문에 당사자들을 만나고 통화하다 보면 결국은 왜 이렇게까지 문제가 꼬이게 되었을까 하는 안타까운 의문을 지울 수가 없다고 했다. 벌어지지 말아야 할 폭력, 왕따, 비행, 성폭력 등 수많은 사건 사고가 지금도 매일 학교에서 벌어지고, 통제불능의 상황 속에서 아이들을 교육해야 하는 선생님들의 고민은 깊어져만 간다. 모두 다 좀 더 나은 방법을 찾고 있지만 그 해결점은 아직 묘연하기만 하다.

 가일층 학교 현장은 만만치가 않다. 선진국과 비교해 학교당 학생수 비율이나 교사당 담당 학생 비율 문제, 사립학교가 유독 많은 한국의 독특한 특성, 교사들이 처리해야 하는 수 많은 행정업무와 같은 환경적 요소와 무엇보다 기형적인 학벌주의 사회에서 전체 공교육이 대학입시에 맞춰진 구조적 현실 위에 우리의 학교라는 공간이 존재한다.

 최근에는 학교내 일부 체벌 문제가 불거지면서 학생인권조례가 제정되고 동시에 이와 동등하게 존중받아야 할 교권 문제가 다시 부각 되면서 이 문제는 건강한 해결책 모색 보다는 점차 논쟁거리가 되고 있다. 교실 붕괴 상황에서 교사의 권위를 회복해야 한다는 주장에서부터 인성교육을 늘리는 방법, 더 강력한 처벌 도입과 수준미달의 폭력교사를 퇴출해야 한다는 의견 등 수 많은 대책과 아이디어들이 맞서며 메아리처럼 등장했다 사라지기를 반복하고 있는 것이다. 이를 지켜보는 우리 사회의 구성원 모두는 안타까운 탄식에 빠져있다.

 어디에서부터 다시 시작해야 할까? 결론부터 말하자면, 이 질문에 대한 올바른 답을 찾는 일은 의외로 학생생활교육에 대한 우리의 고정관념을 깨는 것에서부터 할 수 있다고 이 책은 지적한다.

우리가 자라던 시절을 생각해 보면, 선생님은 대개 아이들이 잘 못했을 때 혼내고 처벌하는 방식으로 학생들을 대해 왔던 것 같 다. 그렇게해서 잘못을 반복하지 않고 바르게 성장하기를 기대했 겠지만, 이는 처벌권을 가진 제 삼자의 입장에서 문제를 바라보는 것이었을 뿐 실제 당사자들의 입장에서 접근하는 것은 아니었다. 잘못을 그친다면 벌이 무서워서였지 잘못을 뉘우쳐서가 아닌 경 우가 더 많았기 때문이다. 다시 말해, 피해를 입은 학생이나 입힌 학생 모두 자기 스스로 주체적으로 문제 해결하는 법을 배우지 못 한 채, 해결책을 교육과 선도의 이름으로 위로부터 강요 받게 되 었던 것이다. 설사 이를 통해 현상적 문제가 봉합되었을지 모르지 만, 결과적으로 피해 입은 학생은 만족과 회복을 얻지 못하고 가 해 학생은 책임을 배우지 못했다. 그간 답습했던 이런 접근을 버리 고 근본적인 이해를 다시 하자는 것이 이 책의 주장이다.

저자인 로레인과 쥬디는 이 책에서 학교 현장에 맞춰진 회복적 정의를 소개하고 있다. 핵심 내용은 단순하다. 학교에서 문제가 생기면 그 문제로 영향을 받는 모든 사람들이 다같이 모여, 어떻 게 하면 최선의 해결책을 찾을 것인가를 함께 고민하고 토의해서 결정한 후 그것을 실행하라는 것이다. 알고보면 이는 사실 우리의 학교에서 이미 시행하고 있는 것이다. 현행 교육정책은 학교에서 문제가 발생하면 우선적으로 학교폭력대책자치위원회를 열도록 제도화 하고 있기 때문이다. 그러나 중요한 것은 단순한 제도의 시행이 아니라 이에 대한 근본적 관점과 실행 방식에 있다. 문제 학생에게 어떤 처벌을 내릴 것인가에 초점을 맞춘 모임이라면 아무리 많은 논의를 해도 결과는 크게 다르지 않을 것이고 양측 당사자 학생과 보호자들이 만족할 만한 결론을 내리기는 쉽지 않을 것이다.

  잘못한 사람을 바로잡기 위해 처벌을 기초로 이루어지는 정의를 응보적 정의로 본다면, 잘못된 행동으로 발생한 피해를 회복하고 깨어진 관계를 다시 복원하는 것에 초점을 맞춘 정의를 회복적 정의라 부른다. 골치 아픈 처벌 결정과 분쟁 해결 과정이 분쟁 당사자와 관련된 모든 사람들이 모여 피해를 회복하고 치유를 통해 미래를 같이 만들어가는 건설적 기회로 활용될 수 있다면 얼마나 좋을까? 또 잘못하고 실수하는 그 자체가 배움의 기회가 될 수 있다면 어떨까? 이 책은 이것이 가능하다고 말하며, 이를 가능하게 하는 것이 바로 회복적 정의 운동의 힘이다. 실제로 이 힘이 전 세계적으로 회복적 정의 운동을 빠른 속도로 확산되도록 하고 있는 것이다.

  이 책을 번역하기로 결정하게 된 가장 큰 계기는 회복적 정의 워크숍을 진행하면서 교사와 학교를 위한 회복적 정의 실천 안내서가 필요하다는 현장 교사들의 요구 때문이었다. 다시 말해 회복적 정의 개념을 이해하고 공감하는 교사와 학부모가 늘어 가면서 좀 더 구체적으로 학교 환경에 적용할 만한 자료가 필요하다는 공감대가 형성되었던 것이다. 이 책은 회복적 정의 관점에서 학생생활교육을 실시하고 있는 미국의 상황을 기초로 쓰여졌다. 따라서 한국 상황과 다소 차이가 있을 수 있다. 또한 앞서 지적한 많은 환경적, 구조적, 관성적 문제를 우리는 안고 있다. 따라서 이 책의 내용이 우리의 모든 문제를 해결해 줄 수는 없을 것이다. 그러나 여러 문화적, 구조적 차이에도 불구하고 이 책에서 제시하는 학생생활교육에 대한 근본적인 패러다임 전환은 한국 학교 현실을 바로 잡는데 매우 실제적인 시사점과 방향성을 제시해 준다고 확신하다.

이 책이 나오기까지 많은 분들이 도움을 주셨다. 처음부터 끝까지 특유의 면밀함과 성실함으로 교열을 맡아 주신 강영수 선생님과 우리 학교 현실에 맞는 용어 번역과 문장 다듬는 부분에 도움을 주신 박숙영, 신만식 선생님께 감사의 말씀을 전한다. 아울러 이 책을 출간하는데 직접적인 동기를 부여한 기독교 교사모임인 '좋은교사운동'에 감사를 드리고, 함께 기획한 '교사를 위한 회복적 정의 워크샵'을 통해 앞으로 앞으로 작지만 의미 있는 대안들이 형성되기를 기대해 본다. 아무쪼록 이 책을 읽고 지금도 학교폭력의 문제로 고민 속에 있을 학생과 학부모, 교사분들에게 도움이 되는 자료가 되기를 기대한다.

2011. 7.

이재영, 정용진

서론

교육에 비법이 있다면, 그것은 학생 존중에 있다.

−랄프 왈도 에머슨Ralph Waldo Emerson

우리는 학생들에게 생활교육discipline을 해야만 하는 학교 환경을 실제로 배움과 성장, 공동체 형성이 일어나는 기회로 만들 수 있다. 이 개념은 넬 노딩스Nel Noddings가 자신의 책, 『돌봄, 윤리와 도덕 교육에 대한 여성적 접근』Caring: A Feminine Approach to Ethics and Moral Education에서 제시한 이론을 토대로 한다. 이 책에서 저자는 "교육의 목적은 현재의 모습보다 미래에 획득할 자신의 모습이 훨씬 사랑스럽다는 것을 일깨워 주는데 있다"고 역설한다.[1]

이런 일이 가능하게 하려면, 우리는 처벌, 혹은 문제 해결로써만 학생생활교육을 인식하던 것에서 관련 행위의 모든 양상을 고려하는 보다 총체적 관점으로 옮겨 가야 할 것이다. 이미 교육 및 관련 분야에서 일궈 낸 수많은 성과들이 이런 방향을 가리키고 있다. 우리는 특별히 이 중에서 두 가지 측면을 다루고자 한다.

첫 번째는 "평화 학교"이다. 이 개념은 교육을 공동체를 '위해',

공동체에 '의해' 이루어지는 것으로 규정한다. 이 개념은 그간 교육 분야에서 널리 알려져 관련 논문에도 자주 인용되었을 뿐 아니라, 이 책에서 우리가 다루려는 주제와도 상당한 관련성을 맺고 있다. 두 번째는, 회복적 정의의 핵심 가치와 원칙들이다. 이는 학교를 포함하여 우리가 다른 사람과 함께 살아가는 공동체 내에서 지켜야 할 삶의 방식에 대해 많은 것을 말해 준다. 비록 서구 문화권에서는 회복적 정의가 형사사법 분야에서 처음 등장한 것이 사실이지만, 현재는 이 방법이 교육 분야에서 더 많이 알려지고 적용되고 있다.

이 책에서는 이와 관련된 몇몇 개념들을 이용하여 어떻게 하면 회복적 정의 방법을 학교에서 학생생활교육과 문제 해결에 적용할 수 있을지 몇 가지 실질적 제안을 하고자 한다. 그러나 우리는 회복적 정의 방법을 마치 각 공동체가 가지고 있는 복잡하고 다양한 상황을 단번에 처리할 수 있는 해결책으로 제시하려는 것이 아니다. 그보다 회복적 정의 방법은 특정 상황과 맥락 안에서 프로그램을 고안하고 사안을 결정할 때, 이를 가능하게 도와주는 하나의 철학이자 사고의 틀로 이해해야 한다.

회복적 정의의 핵심 가치와 원칙들을 숙지하고 난 뒤, 자신의 상황에 맞게 적용해 보라. 그렇게 하면, 기존 교육 환경 안에서 여러분이 이미 가지고 있던 문제해결 능력과 역량을 오히려 강화하게 될 것이라 믿는다.

우리는 이 책을 일선 학교 교사와 직원들에게 일종의 자료로 제시하고 싶다. 바라기는 이 책이 이미 학교 현장에 축적된 전문 지식과 기술에 더해 실무자들에게 또 다른 실질적인 도움이 되기를 바란다.

두 가지 이야기를 들려주는 것으로 논의를 시작하겠다. 혹자에게는 이것이 너무 지당하여 하나마나 하거나 아니면 허무맹랑하게 들릴지도 모르겠다. 그러나 이 이야기를 통해 우리는 회복적 정의 방법이 학교 문제 해결을 가능하게 하는 실마리라는 점과 우리가 논의하는 많은 것들은 마치 씨를 뿌리는 일과 같다는 점을 보여주고자 한다.

회복적 학생생활교육은 하나의 철학이자 사고의 틀이다.

우리는 마치 회복적 정의 방법이 모든 문제 행동에 대한 "만병통치약"인 것처럼 착각하지 않는다. 사실 우리에겐 씨앗이 뿌리를 내렸는지 아직 확실치 않은 시점에 성급히 학생들을 만나는 바람에 실패하고 좌절했던 경험담도 많이 가지고 있다. 그러나 지금 소개할 이 두 이야기는 아이들에게 공감 능력을 키워주면, 용서의 마음이 향상되고 옳은 선택을 하게 된다는 사실을 보여준다. 우리가 아이들에게 타인의 입장이 되어보라고 가르쳐 주면, 아이들은 실제로 그렇게 한다는 것을 증명하는 것이다.

어떤 사람은 무슨 갈등 상황을 만나든 그 속에서 우리가 할 수 있는 선택이 최소 500가지는 된다고 말한 적이 있다. 그러나 아직 우리 교실에서는 그런 선택권 자체가 존재할 수 있는 것으로 여겨지지 않고 있다. 수많은 선택권이 있고 그것을 선택할 수 있다는 사실을 발견하기 위해서는 창의적 사고와 가능성을 인지하는 능력이 요구된다. 아직 시도해 보지 못한 이런 가능성을 찾아내는 일은 교육 분야에 있어 새로운 영역이지만, 자주 간과되는 분야이기도 하다. 모쪼록 이 두 이야기가 우리 각자가 처한 교육 환경에서 이 새로운 가능성을 찾는 일에 도움이 되기를 바란다.

칠면조 풀어 놓기 2)

고등학교 졸업반 학생 5명을 한 밤중에 빈 학교에 들여보내면 어떤 일이 벌어질까요? 단, 칠면조 대여섯 마리도 함께 들여보낸다면 말입니다. 정답은 '재난 수준으로 엉망진창이 된다'입니다.

아이들 말에 따르면, 애초 계획은 동네 농장에서 칠면조 몇 마리 가져다가 학교에 풀어 놓고는 그 놈들이 밤새 돌아다니면서 학교를 어지럽히는 걸 보려고 했답니다. 하지만 일단 학교 안에 들어서자 아이들은 모두 아드레날린이 솟구쳤고 집단적으로 흥분 상태가 돼 버렸습니다.

사물함에 밤새 갇혀있던 칠면조 몇 마리는 다음날 아침 아무 것도 모르고 등교한 학생들을 공격했습니다. 그 중 한 마리는 잡혀서 죽었는데, 그 과정에서 교실 사방이 칠면조 피로 범벅이 되었습니다. 다른 칠면조는 너무 놀란 나머지 천장에서 바닥으로 계속 뛰어 오르다가 목뼈가 부러져 죽었습니다. 다음날 경비 아저씨가 학교에 도착했을 때는 그야말로 표현 못할 정도로 엉망이었습니다. 눈 앞에 펼쳐진 일들은 말 그대로 끔찍했습니다.

사건은 사법 당국으로 넘어가게 되었습니다. 하지만 판사는 이 사건이 사법 당국에서는 손쓸 수 없는 큰 상처를 지역 공동체에 남겼다고 판단했습니다. 그래서 이 사건을 지역 회복적 정의 프로그램으로 이관했습니다.

이 사건이 회복적 정의 프로그램에 처음 접수 됐을 때, 담당자들은 5명의 당사자 학생들과 이들의 부모 등 이미 피해자-가해자 대화 모임에 참석하기로 한 사람들 이외에 추가로 누구를 참석시킬 지 결정해야 했습니다. 지역 종교단체 회원을 비롯한 몇몇 개인이 전체 지역 공동체를 대표하는 의미로 선발되었습니다. 교육감과 교장, 학교 이사 세 명과 교사 세 명, 그리고 경비 아저씨가 참석을 요구 받았습니다. 언론 관계자에게도 출석을 요청했는데, 단 그 역시 지역 공동체 일원으로서 참석해야 한다는 조건을 달았습니다. 총 35명의 참석자가 결정됐고, 그 중에 주 조정자 1명과 훈련 받은 조정 자원활동가 5명이 포함되었습니다.

조정자들과 당사자 졸업반 학생들, 이들의 부모와 함께 사전 대화모임이 열렸습니다. 2차 모임은 아직 분이 가시지 않은 경비 아저씨를 비롯한 학교 관계자들과 가졌습니다. 경비 아저씨는 대화모임에 참석하기 원한다고 하면서도, 한심하게 노닥거리려고 대화모임을 하는 것이라면 참여 하지 않겠노라고 으름장을 놓았습니다.

최종 대화 모임을 진행할 동안에도 시작할 때와 다름없이 긴장감이 팽팽했습니다. 우선 학교 관계자들은 그들이 학생들에게 느낀 분노와 배신감에 대해 솔직히 이야기 했습니다. 그러면서도 이 학생들 또한 긍정적 자질도 가지고 있다는 점도 인정해 주었습니다. 해당 학생들 역시 단순한 장난으로 시작한 일이 어떻게 이렇게까지 걷잡을 수 없이 크게 되어버렸는지 모르겠다며 자신들의 심정을 고백했습니다. 학생들은 그들의 행동에 부끄러움과 수치를 느낀다며 그들의 부모를 비롯한 참석자들에게 진심 어린 사과의 말을 전했습니다.

가장 마지막에 발언한 학생은 몸이 들썩일 정도로 흐느끼면서 반성했습니다. 그 친구는 자기가 저지른 일이 너무도 부끄러워서 밖에 나서기도 두려웠고, 다른 사람들이 모두 자기가 한 짓을 알고 있다고 느껴져 무서워서 사람들 얼굴을 똑바로 쳐다보지도 못했다고 말했습니다.

대화모임이 거의 끝날 무렵, 조정자는 참석자들에게 마지막으로 더 할 말이 없느냐고 물었습니다. 그 순간 경비 아저씨가 손을 번쩍 들었습니다. 그러자 회의실은 일순간 침묵으로 얼어붙었습니다. 아저씨는 뜻밖에 어린 친구들 모두에게 그들의 사과를 받아들이겠다고 말했습니다. 그리고 나서 앞서 흐느끼던 마지막 학생에게 찾아가 이렇게 말했습니다. "다음에 길 가다가 아저씨를 만나게 되면, 아저씨 얼굴은 똑바로 쳐다봐도 돼. 왜냐하면 난 너를 네가 과거에 저지른 행동이 아니라, 오늘 나와 여기 함께 있었던 사람으로 기억할 테니까."

서로 돌아볼 수 있는 환경 [3)]

　나는 어느 초등 '평화 학교 peaceable school'에 방문했는데, 공교롭게도 바로 그날이 그 학교가 전국 최우수 교육상을 수상하게 되었다는 통보를 받은 날이었다. 교장은 나와, 함께 온 예비 교사들을 데리고 학교 구경을 시켜 주었다. 이 학교는 교사들이 학교 건물을 직접 디자인했다고 한다. 교사들에 따르면, 건축가들을 꽤 고생시켰던 이 학교 건물 구조 변경이 실은 그들이 늘 바라던 학교 상에 근접해 가도록 하는 계기를 마련해 주었다고 한다. 1학년 학부모들은 각자가 자기 아이들 교실을 선택하고, 아이에게 배웠으면 하는 독서교육 방법도 고를 수 있었다. 또한 부모들은 각 반에서 보조교사로 일하며, 학교 건물 곳곳 눈에 띄는 곳에는 지역 자원봉사자들이 활동하고 있었다.

　학교 중앙에는 문화 센터를 두어 지역 공동체의 전통 문화를 전수하기도 했다. 미디어 센터에서는 교사와 학생 구분 없이 모두에게 손쉽게 자료가 제공되었다. 그 학교에는 그곳에서 일하고 싶어하는 교사 지원자들로 넘쳐났다.

　교장 선생님은 그 학교는 지역에 있는 다른 학교들과 달리 더 이상 지원금을 받을 필요가 없다고 귀띔해 주었다. 내가 교장 선생님에게 이 학교만의 학생생활교육 체계가 따로 있는지, 어떤 것인지 묻자 교장은 잠시 멈춰 생각하는가 싶더니, "글쎄요, 제 생각엔 우리 학교는 그런 게 없는 것 같군요. 사실 우리는 학생생활교육을 해야 할만한 문제가 거의 생기질 않거든요." 나는 심리학자로서 학교와 대학 교수로 재직하는 동안 수많은 학교를 찾아 다녀 봤지만, 이 학교처럼 평화를 중시하고 공동체가 함께 협력해 가는 곳은 전에 본 일이 없었다.

이 학교 방문을 마치고 난 뒤, 나는 기왕 나선 김에 다른 학교도 찾아가 보았다. 도로 아래로 1km 남짓 떨어진 곳에 위치한 어느 고등학교였는데, 위에서 금방 설명했던 학생들이 나중에 다니게 될 학교였다. 처음 학교에 들어서자 바닥 타일에 생긴 커다란 구멍이 눈에 띄었다. 학교 측은 학생들을 언제든지 지켜볼 수 있도록 최근에 사물함 위치를 옮겼다고 설명해 주었다. 학생들이 예전 사물함 있던 자리에서 사물함에 불을 붙였다는 것이다. 쉬는 시간을 알리는 종이 울리자 교사들은 교실 문을 잠그고 요주의 학생들을 감시했다. 3개 교실이 학내 정학 학생 전용으로 쓰이고 있었다. 교사 이직률이 최고인 그 학교에는 의심의 기운과 공포 분위기가 만연해 있었다. 단지 도로 하나를 사이에 두고 있을 뿐인데 이 두 학교는 왜 이리 다른 것일까? 어쩌다 상호 존중 능력을 상실했을까?

제1장 • 왜 회복적 학생생활교육인가?

학생생활교육의 역할

학부형과 교사들이 가장 고민하는 부분은 어떻게 하면 적절한 교육과 지침을 통해 아이들을 책임감 있고 사려 깊은 성인으로 자라게 할 것인가 하는 부분이다. 적합하고 알맞은 훈육을 실시하는 것이 그 과정에서 가장 중요하다.

교육, 즉 영어로 discipline이라는 말은 "가르치다 혹은 훈련하다"라는 뜻의 고대 영어에서 왔다. 교육은 학생들이 따라야 할 규율이라고 할 수 있는데, 그대로 따라 살게 함으로써 아이들이 자신들이 속한 고유한 문화 속에서 사회성을 배워나가도록 도와주는 규범이다. 사회성을 배우는 일은 평생을 걸친 과정이다. 사회화 과정을 통해 아이들은 충동을 자제하는 법을 배우며, 자신 주변의 타인과 평생 동안 온전한 상호작용을 이루는 사회적 기술을 배운다.

학생생활교육은 일반적으로 몇 가지 목적을 상정한다. 단기적 관점에서 학생생활교육의 목적은 아이들에게 바른 행동을 설명해 주어서 부적절하고 잘못된 행동을 그만 두게 하는 데 있다. 장기적 관점에서는 아이들이 자신의 행동에 책임을 질 수 있도록 하는 데 있다. 어른들이 아이들의 삶이나 행동에 지나치게 관여하면, 다른 사람이 자신의 모든 것을 처리해 주기 때문에 아이들은 자신의 문제를 다뤄나갈 필요성을 느끼지 못하게 된다. 그렇기 때문에 자기수양self-discipline이라는 장기 목적을 이루는 것이 중요하다.

회복적 학생생활교육은 잘못된 행동을 방지하고 차단하려는 기존 학생생활교육 방법에 더해 삶을 보다 책임감 있게 살도록 가르친다. 오늘날 학교 현장에서는 잘못된 행동 때문에 피해를 입은 학생들을 학교가 의지를 가지고 돌보고 배려해야 한다는 사실이 거의 논의되지 않고 있다. 회복적 학생생활교육은 잘못된 행동을 한 학생들이 개인과 학교 공동체에 끼친 피해를 회피하지 않고 직면하여 직접 문제를 다룰 수 있게 도와준다. 또한 회복적 학생생활교육의 목표는 단지 잘못된 행동에 연루되고 직접 영향을 받은 사람들에게만 아니라, 더 넓은 차원의 교육 공동체에게도 적용될 수 있다.

회복적 학생교육의 핵심 목표

- 피해 사실을 바로 이해하고 피해를 입은 쪽과 입힌 쪽 모두가 공감하게 하기
- 피해를 입은 쪽과 입힌 쪽 모두의 필요를 듣고 응답하기
- 공동으로 문제해결 과정을 계획하고 진행하면서 얻은 개인적 성찰을 통해 책임감과 의무감 키우기

- 피해를 입힌 사람을 그리고, 필요할 경우, 피해를 입은 사람도 공동체에 쓸모 있고 가치 있는 구성원으로 다시 받아주기
- 서로 돌보고 배려하는 분위기를 조성하여 공동체를 보다 건강하게 세우기
- 발생한 피해를 해결하는 방향으로 시스템을 정비하기

이렇게 하면, 학생생활교육은 학생들을 책임 있는 사람이 되도록 이끌어가는 장기적 과정으로 변모하게 된다. 자기 수양을 가르치는 일은 시간과 인내, 그리고 아이들에 대한 존중을 요하는 일이다. 우리는 아이들이 인생을 제대로 살아가도록 준비시키는데 드는 시간비용을 기꺼이 지불해야 한다.

그러면 학교 생활이라는 맥락 속에서 어떻게 이를 구현할 것인가? 우리는 아이들이 잘못을 저지르기도 하며, 다양한 이유에서 그런 행동을 한다는 것을 잘 안다. 아이들은 어쩌면 여전히 옳고 그름의 차이를 배워가고 있는 중인지 모른다. 이 과정에서 아이들은 때론 마음이 상하고, 실망하거나 거절감을 경험하기도 할 것이다. 아니면 단순히 그냥 그 나이 때 아이들이 하는 행동을 하면서 지낼는지 모른다. 사실, 잘못된 행동이란 인생이 어느 정도 성숙한 단계에 이르러야 그것이 잘못인지 아닌지 깨달을 수 있다.

전체적으로 볼 때, 아이들이 한 단계에서 다음 단계로 전반적으로 비슷한 수준으로 성장할 수 있을지는 몰라도, 모두가 동시에 각 단계에 올라서고 도달할 수 있는 것은 아니다. 아이들은 저마다 다

른 내적인 성장 시간표를 지니고 있기 때문에 각각 독특하게 성장한다. 바로 이점이 부모나 교사들 입장에서 근본적으로 예측할 수 없는 부분이고, 아이들을 도저히 파악하지 못하겠다고 느끼게 만드는 지점이다. 우리는 교사들이 학생 각자를 배려해 학습 진도를 설정하고 각자의 필요에 따른 다양한 학습법을 제시하며, 수준별 과제를 부여하는 등 차별화된 교육을 실시할 경우 상당한 교육적 성공을 거둔다는 사실을 잘 알고 있다. 마찬가지로, 학생생활교육 역시 학생들의 필요를 채우는 형태로 개인화되어야 한다. 이 문제는 이어지는 장에서 좀 더 상세히 다루겠다.

처벌의 역할

넬센Nelsen, 롯Lott, 글렌Glenn이 함께 쓴 『긍정적 학생생활교육』 *Positive Discipline in the Classroom*에는 다음과 같은 질문이 나온다. "학생들을 올바르게 행동하게 하려면 우선 아이들 기분부터 상하게 해야 한다는 해괴한 생각은 대체 어디서 나온 것일까?"[4]

일반적으로, 처벌은 아이들의 행동을 일시적으로 억제하는 데는 효과가 있지만, 이를 통해 아이들에게 직접적으로 자기 훈련하는 법을 가르칠 수는 없다. 처벌은 처벌권자가 곁에 붙어 있거나 근처에 있을 경우 아이들로 하여금 규범을 따르게 할 수는 있을 것이다. 그를 통해 당장은 그 규범이 적용될 수도 있을 것이다. 그러나 과연 이런 방식을 통해 아이들에게 그 규범 이면에 있는 실제 의미를 이해하는 능력을 키워줄 수 있겠는가?

처벌의 부정적 효과는 이미 잘 알려져 있다[5] 특히 처벌받는 학생으로 하여금 자신이 저지른 행동 보다는 자신에게 고통스러운 처벌을 가한 사람에게 집중하게 함으로써 원망하고 분노하는 마음을 갖게 한다. 그렇게 되면 처벌받은 학생은 처벌의 본래 목적에 대해 의문을 품게 되고 잘못된 행동 때문에 해를 입힌 부분을 책임지기보다는 처벌권자를 비난하게 된다. 벌 받는 학생은 다음과 같은 도미노 현상을 보인다. 먼저 선생님을 비난하게 되고, 친구들을 향해 화풀이를 하며, 소극적이나마 주어진 일들을 거부하는 식으로 반항을 하게 된다.

그렇다면 학교에서는 왜 계속해서 처벌을 유력한 학생생활교육 방편으로 사용하고 있을까? 가장 명쾌한 답은 이것이다. 효과가 빠르고, 처리하기 편한 방식이며, "최소한 무언가 조처했다"는 기준을 만족한 것처럼 보이기 때문이다. 가끔 교사들은 잘못을 저지른 학생들을 교장실로 보냈다가, 교장 선생님이 훈계만 하고 돌려보내면 실망하고 못마땅해 하기도 한다. 이는 적절한 반응이라 하기 어렵다. 많은 학생들은 자신이 저지른 피해를 회피하거나 잘못된 행동에 책임을 지지 않으려는 경향을 보인다. 이럴 경우에 처벌은 더 나쁜 행동과 피해가 양산될 가능성을 미리 억제하고 차단한다는 면에서 반드시 필요한 조치처럼 보일 수도 있다.

이런 상황에서는 특정 형태의 처벌이 허용될 여지가 있을지도 모른다. 학생들의 변화에 초점을 맞추는 한에서 처벌은 허용될 수도 있겠지만, 이후에 지속적으로 학생들이 더 긍정적인 선택을 할 수 있도록 기회를 제공해야 한다. 어떤 학생들에게는 처벌이 그들을 더 건강한 의사결정과 책임감 있는 행동으로 옮겨가게 하는 생활교육 과정의 초기 단계에서 가장 적절한 방법인 것처럼 보일 수도 있다. 그러나 이후 책임감 있는 사람으로 변화하기 위한 구체적 계획과 행동이 반드시 뒤따라야 하고 이런 조치가 결국 처벌의 방식을 대체해야 한다. 가까운 친구나 친척들처럼 이들의 잘못된 행동으로 영향 받게 된 사람들이 이들의 변화를 위해 실질적 도움을 줄 수 있다.

처벌과 마찬가지로, 회복적 학생생활교육은 학생들의 책임감을 적절히 고양시키는 것을 목표로 한다. 단, 이때의 책임감은 반성하는 마음과 손해를 바로잡는 의미에서 책임감을 말한다. 회복적 학생생활교육은 또한 관계자들의 협력과 공동체가 주도하는 문제해결 과정을 통해 학생들에게 책임감을 키워준다. 처음부터 원칙적으로 처벌을 직접 가하거나 처벌 가능성으로 위협감을 느끼게 하는 것은 최후의 방책으로 삼고, 회복적 방법론을 원칙과 규범으로 정해서 문제 해결 과정을 고안할 수 있다. 사실, 바로 이런 형태가 뉴질랜드 사법부 내 청소년 부에서 시행하고 있는 방식이다. 그들은 청소년 문제가 발생하면 피해자와 가해자가 직접 만나는 회복적 대화모임을 우선적으로 꾸리고, 재판과 처벌은 이런 회복적 과정을 통해 문제가 성공적으로 해결되지 않을 경우에 대한 대비책으로 남겨둔다.[6]

회복적 정의의 역할

회복적 정의 개념은 지난 30년간 최소한 서구적 세계관을 지닌 사람들 사이에서, 서구식 사법 체계의 문제점과 한계를 지적하는 방식으로 알려져 왔다. 피해자나 가해자 그리고 이들과 연관된 공동체는 자주 사법 제도가 정의에 대한 자신들의 요구를 채우지 못한다고 생각한다. 현행 사법계 종사자들 역시 현 체계가 가해자들에게 진정한 책임감을 제시하지 못하고 피해자에게는 이들의 필요에 응답하지 못한다는 사실 때문에 자주 실망하고 자책한다.

> **회복적 정의는 "응분의 처벌"보다는 "가해자의 필요와 결과에 대한 책임"을 더 강조한다.**

이러한 문제를 다루기 위해 회복적 정의 운동은 조정mediation, 피해자-가해자 대화 모임conferencing, 서클모임 circle 등 회복적 학생생활교육을 적용한 다양한 형태의 실질적 방법을 제시해 왔다.^{이 방법에 대해서는 5장에서 상세히 다룬다-역자 주} 그러나 회복적 정의는 무엇이 잘못된 행동인가에 대해 기존 견해와 전혀 다른 관점과 철학 역시 제시했다. 그것은 잘못을 저지른 사람이 '응당한' 대가를 받았는가에 관심을 갖기 보다 이들의 필요와 잘못된 행동의 결과로 야기된 책임과 의무에 초점을 맞추는 것을 말한다. 문제 해결 과정 역시 모두가 참여해 협력하고 협동하는 방식을 강조한다.

『회복적 정의-축약판』*The Little Book of Restorative Justice*에서 하워드 제어Howard Zehr는 말하길, 우리가 일반적으로 이해하고 있는 잘못된 행동을 처리하는 방법은 다음 세가지 질문으로 귀결된다고 말한다. 첫째, 어떤 법이 위반되었는가? 둘째, 누가 위반하였는가? 셋째, 어떤 형벌이 마땅한가?[7] 이런 방식은 전체 과정에서 피해자를 소외시키고, 대신 가해자에 대한 처벌에 초점을 맞추는 경향이 있다. 위에서 살펴본 대로, 처벌은 자주 비효과적일 뿐 아니라 비생산적이기까지 하다.

하워드 제어는 그의 책에서 다음과 같은 여섯 개의 질문으로 회복적 정의 접근법 대한 길잡이를 제시한다.

회복적 정의 방법론을 위한 길잡이

1. 누가 피해를 입었는가?
2. 그들의 요구는 무엇인가?
3. 이것은 누구의 의무이고 책임인가?
4. 무엇이 원인인가?
5. 이런 상황에 누가 관여해야 하는가?
6. 어떤 절차를 통하여 해법을 찾을 수 있는가?

하워드 제어는 형사 사법 체계에 이 방법론을 적용할 경우 회복적 정의가 무슨 의미를 갖는지 다음과 같이 정의 내린다.

회복적 정의란 한마디로 참여하는 과정을 말한다. 가급적 참여자의 범위를 넓혀, 다시 말해, 특정 범죄에 관계된 사람들과 그와 연관해 손해와 요구, 의무와 책임 등을 공유하는 사람들이 함께 모여 범죄로 인해 발생한 상처와 피해를 치유하고 가능한 한 일을 바로 잡는 과정을 의미한다.

　많은 사람들이 회복적 정의의 원리와 실천들이 현행 사법 제도 너머에 존재하는 그간 다루지 못했던 측면까지 부각하는 것으로 인식하기 시작했다. 이를테면, 가해 행동이나 잘못된 행동을 사법부로 곧바로 넘기지 않고 그 전에 다루려면 어떻게 해야 하는가? 어떻게 자라나는 아이들에게 책임과 의무를 가르칠 수 있는가? 어떤 가르침으로 아이들이 자신들 삶 속에서 경험하는 갈등과 어려운 상황을 잘 다루도록 하게 할 것인가? 학생들이 학교 바깥에서 겪어 온 갈등 문제를 학교 안으로 가지고 들어 올 경우는 어떻게 해야 하나? 회복적 정의의 가치와 원리들은 공동체에 속한 모든 사람이 자신의 경험과 요구가 정당하게 반영되도록 하기 위해서는 다양한 모습으로 서로 귀 기울이고 대화할 수 있어야 한다는 것을 일깨워준다.

　우리는 이 지점에서 가해 상황이나 폭력이 발생했을 때 회복적 정의가 강조하는 책임감 측면뿐 아니라, 일상 속에서 매일 더불어 살아가는 법을 알려주는 회복적 정의의 더 넓은 의미도 제시하고자 한다.

　회복적 정의의 가치와 원리들은 우리가 서로 포용하고 협력하는 방식으로 공동체 구성원을 대해야 한다는 점을 일깨워준다. 이런 방식은 공동체에 속한 모든 사람, 특별히 소외 계층이나 취약 계층까지 포함하여, 피해 당사자들의 고통과 요구에 정당하게 응답할 수 있게 한다. 이런 접근법은 우리가 문제를 경원 시 하거나 강압적으로 처리하기 보다는 그것을 치유할 수 있도록 다양한 방식으로 행동하고 응답하게 한다.

회복적 정의 혹은 회복적 학생생활교육에 대한 위 정의는 학교에서 다루어야 하는 학생 문제와 이들에 대한 생활교육에 있어 중요한 시사점을 던져준다. 두 가지 시나리오를 가지고 다음 논의를 진행해 보자.

시나리오 1: 어느 날 아침 일찍 선생님은 중학교 2학년 학급회의에 들어갔다가 A가이 같은 반 친구 B의 이름을 부르며 욕하는 것을 듣게 되었다. 선생님은 바로 A를 복도로 데리고 나가서 A가 사용한 언어와 그 말을 들었을 때 B의 기분이 어땠을지 이야기 했다. 선생님은 A에게 앞으로 그런 언어 사용은 용납할 수 없으니 다시는 그런 행동을 하지 말라고 일렀다. A는 어쩌다가 그런 일이 벌어졌는지 설명하려 했지만, 선생님은 계속 언어 사용의 부적절함과 이런 행동이 다시는 일어나지 말아야 한다는 자신의 입장만 반복할 뿐이었다.

선생님은 다시 A를 데리고 교실로 돌아와서 A와 B 따로 떨어뜨려 앉히고 그들이 서로에게 잘못했다면서, 두 사람 모두 그런 행동을 그만 두기 바란다고 주의를 주었다. 수업은 결국 재개됐지만, A와 B는 여전히 서로에게 분노가 가득하다.

시나리오 2: 어느 날 아침 일찍 학급회의 시간에 들어간 선생님은 A가 친구 B에게 욕하는 소리를 들었다. 그러자 선생님은 A와 B 둘 다 데리고 복도로 나가서 점심 시간 마치자마자 둘 모두와 이 문제로 잠시 시간을 가졌으면 좋겠다고 말했다.

함께 모임을 하는 동안 선생님은 A와 B에게 지난 2주 정도 지켜보니 두 사람 사이가 심상치 않던데, 둘 사이에 무슨 일이 있었는지 자세한 이야기를 들려달라고 했다. A는 B가 자신의 숙제 공책을 가져가서는 숨겨 놓고 돌려주지 않았다고 말했다. A도 B가 장난으로 그런다는 것은 알았지만, 계속 장난을 치자 신경질이 났고 이제 그만 하라고 B에게 말했다고 한다. 그래도 B는 계속 장난을 멈추지 않았고, 어제는 급기야 A가 곤란한 상황을 맞게 되었다. 영어 숙제가 그 공책에 있었는데 A는 B가 그걸 어디에 숨겨 두었는지 도통 찾을 수 없었던 것이다. A는 엄청나게 화가 나서 B에게 욕을 했는데, 바로 그날 아침 선생님이 그 소리를 듣게 된 것이다.

B는 자기가 아마 장난치는 게 너무 재미있어서 정신을 못 차렸던 것 같다고, A가 곤란해 질 줄은 정말 몰랐다며 잘못을 인정했다. 그렇지만 자신의 행동이 반 친구들 모두 앞에서 A에게 그렇게 욕 들을 일이라고 까지는 생각지 못했다는 점도 이야기했다. 두 친구는 서로 사과했다. 일이 생각보다 커졌지만 계속 서로 불편하고 안 좋게 지내지 말자며 화해의 손을 내밀었다.

시나리오 2는 비록 분명히 상당한 시간이 필요하겠지만, 학교 현장에 장기적으로 볼 때, 가장 긍정적 결과를 가져 올 만한 대응이다. 우리는 이런 목표에 도달할 수 있게 해 주는 하나의 구조적 틀거리를 회복적 정의가 제시해 줄 수 있다고 믿는다.

학교 현장에 적용하는 회복적 학생생활교육은 비록 내용상 새로운 프로그램이나 훈련이 많이 차지하겠지만, 단지 그런 기술적인 부분만을 의미하지 않는다. 이는 교육가들이 줄곧 해 오던 일에 전혀 새로운 틀 거리를 제시하는 것이다. 분명 선생님들은 회복적 학생생활교육 방법을 현행 학교 정책에 맞춰 임시변통으로 활용할 수도 있을 것이다. 그러나 회복적 정의의 근본 개념은 학교의 모든 구성원들–학부모와 학생도 포함하여–이 현행 학교 정책과 실행 규칙을 함께 들여다 보고 어떻게 하면 제대로 효과를 내지 못하던 기존 방법을 학교 전체를 바라보는 안목에서 회복적 학생교육 방법으로 바꾸어 나가고 실행할 수 있을지 고민하는 것에 있다.

> 어떤 문제를
> 해결하고자 할 때,
> 당신이 처음 그것을
> 고안했을 때와 똑같은
> 생각을 지금도 하고 있다면,
> 그 문제는 풀 수 없다.
> - 알버트 아인슈타인

부모로서, 우리는 지난 날 아이들을 양육하면서 우리가 했던 후회스런 결정들을 되돌아 보기 마련이다. 돌아보면 그런 결정들에 한가지 중요한 요소가 빠져 있었음을 깨닫게 되는데, 바로 창의력이다. 창의력이 부족하면 우리는 아이들의 전인 교육을 생각하기 보다 부모인 우리 자신의 필요에 따라 아이들을 통제하거나 손쉽게 문제를 처리하는 식으로 양육에 임할 수 밖에 없다. 아이들과 갈등에 맞닥뜨릴 때, 우리는 그것을 어떤 기회라거나 뭔가 중요한 가르침을 전할 순간으로 보지 못하고 그저 빨리 처치해 할 것으로만 여기게 되는 것이다.

우리는 교사, 교육행정가, 학부모 등 많은 교육 관계자들이 이미 그들만의 학생 교육법을 가지고 있다는 것을 안다. 바라기는 회복적 학생생활교육 방법이 기존 교육법에 더해 아직 발견하지 못한 새로운 방법으로 제시되었으면 한다.

회복적 학생생활교육은 교사와 학교 관리자들이 매일 경험하듯 문제가 생기면 손쉽게 처리하는 식이 아니라 새롭고 창의적인 가능성을 제시할 수 있다. 회복적 학생생활교육은 유연성과 창의성을 요하는 일이다. 규칙 그 자체보다 그것이 의미하는 바 그리고 규칙이 의도하지 않은 결과까지 인식하여 행동으로 옮겨야 한다는 점을 생각할 것을 요구한다. 다시 말해 회복적 정의는 사람이 더불어 살고 함께 일하는 법에 더 깊은 관심을 쏟는 것을 말한다.

회복적 학생생활교육의 다른 근거들

우리는 이미 회복적 정의의 성과가 회복적 학생생활교육 분야에 기여한 부분을 언급했다. 이 외에도 다른 수 많은 운동과 방법들이 회복적 학생생활교육 방법을 만드는데 중요한 역할을 했다.

민주주의 사회에서 학교의 최우선적 목표는 책임 있는 시민을

양성해 공동체를 발전시키는 것이다. 최근 몇 해 동안 교육 분야에는 세가지 운동 즉, 갈등 해결 교육Conflict Resolution Education, 인성 교육Character Education, 감성 인지 능력Emotional Literacy이 민주적인 학교들의 시각을 넓혀 놓았다.

갈등 해결 교육CRE은 학교에 또래 조정 프로그램peer mediation program을 소개하고 학교 생활에서 일어나는 갈등 해결을 위한 교과 과정을 발전 시켰다. 비폭력 문제 해결 방법nonviolent problem-solving 에서 처음 시작되어 상호 협력적 공동체를 세우기 위해 서로 존중하는 정신을 강조하는 '평화학교 운동' The Peaceable School Movement으로 발전했다.

갈등해결교육은 어른들이 주도하는 현행 학생생활교육 방법에 더해 하나의 대안으로 실시된 또래 조정 프로그램이라는 방식으로 학교에 가장 직접적인 영향을 미쳤다. 학생들이 일단 자신의 행동을 스스로 관리하고 자기 변화를 유도하는 이 프로그램에 참여해 서로 도움을 주고 받아 보면, 다음과 같은 질문을 자연스럽게 제기하게 된다. 모든 학생이 갈등 해결을 스스로 하는 이런 방법을 배울 수 있다면 얼마나 좋을까? 갈등해결교육은 현재 전문 조정자 훈련을 받은 사람들만 대상으로 하지 않고, 학생들에게도 또래 조정과 함께 협상 기술까지 가르친다.

인성 교육CE운동은 별도로 발전해 온 측면이 있지만, 갈등해결 교육 분야의 관계 정립 요소나 평화 학교 부분 등을 학교에 도입시켰다. 인성 교육 프로그램은 우선적으로 학생들에게 긍정적 가치와 행동을 가르치고 북돋아주기 위해 고안되었다. 그러므로, 이 프로그램은 갈등 상황에서 해야 할 특정 방법이나 그런 상황이 어떻게 행동을 변화 시킬 수 있는지에 대해서는 비중 있게 다루지 않는다.

회복적 학생생활교육은 상호 협력적 문제해결 과정을 의미한다

그러나 인성교육 프로그램은 책임감, 존중심, 신뢰, 우정, 나아가 자신과 타인, 환경에 대한 배려 등과 같은 핵심 가치를 교육할 수 있는 토대를 발전 시켰다. 이런 가치들은 회복적 정의 방법에 있어서 매우 중요한 부분이다.

다니엘 골만Daniel Goleman은 『감성 인지 능력』Emotional Literacy이라는 책을 통해, 다양한 사회 속에서 배움을 쌓아가는데 있어 결정적으로 필요한 요소인 감정과 인식 능력이라는 부분을 학교가 받아들이도록 하는데 기여했다.[8] 이 세 운동이 각각의 장점을 통해 회복적 학생생활교육 방법론이 생성되는데 기여했다고 할 수 있다.

이런 세가지 다른 운동의 장점을 살려가면서, 회복적 정의는 의도적으로 학생생활교육 과정, 즉 갈등을 극복하는 과정과 거기에서 도출되는 결론과 결과물을 통해 나타나는 관계의 측면과 변화의 요소에 초점을 맞췄다. 갈등해결교육 프로그램이 "어떻게 문제를 해결할 수 있는가?" 를 핵심 질문으로 삼는다면, 회복적 학생생활교육은 주된 질문으로 "어떻게 관계를 바로잡을 것인가?"를 묻는다. 우선 당사자 양측 모두에게 공정하고 받아들일만한 해결책을 찾는 일에 초점을 맞춘다. 말하자면, 회복적 정의는 손상되고 단절된 관계를 회복하기 위해 문제에 새로운 층위를 덧붙이는 것이다. 아울러 사건으로부터 영향 받은 모든 사람이 함께 관계 변화와 보상 문제를 계획하는 과정에 공동으로 참여할 수 있도록 있도록 돕는다.

위 세 운동이 기여한 이런 부분에 더해, 세 가지 중요한 철학적 원칙이 회복적 학생생활교육을 더 풍성하게 만들었다. 구성주의 constructivism, 비판적 성찰critical reflection, 정신심리 교육 이론psycho-educational theory 이 그것이다.

구성주의는 개인들이 결정권을 갖고 상호 협력 작용을 통해 문제 해결과정에 직접 참여하도록 해서 각자가 의미를 발견하고 동기부여를 받을 수 있도록 하는 것을 말한다.

비판적 성찰은 구조와 상황 분석을 통해 다양한 관점을 존중하면서 창의적 문제 해결 방법을 찾아가는 과정을 의미한다.

정신심리 교육은 내적 감정, 욕구, 문제 행동을 야기하는 갈등 등을 이해하는 것을 우선적 가치로 삼는 접근법이다. 앞서 살펴 보았듯이, 회복적 정의 이론은 잘못된 행동으로 인해 발생한 피해와 결과들을 가능한 한 바로잡는 것, 즉 관계의 회복 측면에 보다 초점을 맞춘다. 3장에서 보다 상세히 회복적 정의의 원리와 가치들을 살펴 보겠다.

처벌에서 회복으로 이어지는 연속선

회복적 학생생활교육은 잘못된 행동에 따른 책임을 회피하도록 하는 것이 아니다. 그 보다는 학생들이 잘못된 행동으로 야기된 피해가 실제로 어떤 것인지, 행동에 대해 책임진다는 것이 무엇인지, 어떻게 문제를 긍정적인 방향으로 전환할 수 있는지 이해하도록 도와주는 일에 초점을 맞춘다. 우리는 교육 현장에서 학생생활교육 방법으로 선택할 수 있는 것들, 처벌식 접근에서부터 인과응보식 접근, 해결책 찾기에서 회복적 방법에 이르는 일련의 방법들을 연속선으로 도식화하여 제시해 보겠다.

학생 생활지도 연속선

처벌   인과응보   해결책 찾기   회복 시키기

처벌식 접근punishment approach에서는, 저지른 행동으로 인해 그 사람에게 주어지는 결과가 잘못된 그 행동과 처벌 사이에 아무런 의미와 연관 관계도 없는 상태에서 채택된다. 가령, 어떤 운동부 학생이 탈의실에서 다른 친구의 사물함을 망가뜨리고 운동화를 훔쳤다면, 그 행위에 대한 처벌로 정학을 맞게 되는 식이다. 인과응보식 접근consequences approach은 행위 결과에 대해 자연스럽든, 인위적이든 관련된 지점을 찾아 그에 상응하는 처벌을 내리려 한다. 이 방식을 따르면, 위 사례의 잘못한 학생은 잘못의 대가로 탈의실 청소를 해야 하는 것이다. 이때 받게 되는 처벌은 어른들이나 또래 학

급 회의에서 '당사자가 자신이 저지른 문제를 바로 잡아야 한다'는 원칙하에 잘못된 그 행동과 관련 있는 처벌을 선택한다.

해결책 찾기식 접근은 근본적인 문제를 풀어서 더 나은 행동을 하게 하는 것

해결책 찾기 접근solutions approach은 잘못된 그 행동을 고쳐야 할 문제로 인식한다. 위 문제의 경우, 학생생활교육 과정에서 왜 그 학생이 탈의실에 가게 됐고 무엇이 그로 하여금 사물함을 부수고 운동화를 훔치게 했는가 하는 문제를 주목하는 것이다. 교사들은 "기능적 행위 평가"functional behavior assessment 방식에 익숙하다. 이것은 잘못된 행동을 저지른 원인과 이유를 찾아낸 다음, 그것을 긍정적인 행동으로 바꿀 수 있는 계획을 마련하여 학생들이 규칙을 어기지 않으면서도 자신의 필요를 채울 수 있는 방법을 모색하는 것이다. 운동화 절도 사건을 예로 든다면, 처벌권자인 선생님은 사건을 목격한 주변 친구들과 면담을 해서 운동화 훔친 친구가 사실은 그 운동화 주인이 자기를 이기고 시합에 출전하게 된 일 때문에 화가 나 있었다는 것을 알아낼 수 있을 것이다. 이렇게 되면 사건을 긍정적으로 변화 시키기 위해서는 시합 출전 문제라는 새로운 주제가 논의돼야 할 것이다.

처벌식 접근이나 인과응보식, 문제해결식 접근법을 시행할 경우, 통상 어른들은 문제 행동을 일으킨 학생의 참여를 배제한 상태에서 향후 계획과 처벌 결과를 결정한다. 설사 사건 이면의 실제 원인을 문제 삼는 해결책이 선택된다 해도, 보통은 사건을 처리해가는 과정 중에 어떤 모습으로든 그에 상응하는 응보적 조치가 따르게 된다. 그러나 **회복적 학생생활교육 접근**은 잘못된 행동으로 인해 피해를 입은 학생의 요구뿐만 아니라, 잘못을 저지른 학생 이면에 존재하는 요구와 이유까지 인식한다. 회복적 접근은 모든 참여자가 함께 문제를 바로잡을 방안을 고안하고 향후의 긍정적 변화를 꾀한다. 그러므로 모든 초점이 관련자들이 공동으로 참여하는 대화 모임 과정을 통해 구현될 치유에 맞춰진다.

회복적 학생생활교육

- 잘못된 행동의 원인 파악할 것
- 피해자의 요구 다룰 것
- 피해를 바로잡기 위해 노력할 것
- 미래에 긍정적 변화가 일어나도록 노력할 것
- 치유가 되도록 할 것
- 공동으로 참여하는 문제처리 과정을 따를 것

처벌식과 인과응보식 접근은 모두 처벌이 주는 불쾌한 결과와 고통이 잘못된 행동을 방지할 수 있을 것이라는 기대를 근거로 한다. 해결책 찾기식 접근은 현재 발생한 문제를 해결하여 미래에는 잘못된 행동이 발생하지 않도록 차단하고, 현재의 잘못을 더 건강하고 나은 행동으로 바꾸도록 하는 것이다. 회복적 학생생활교육 방법은 잘못을 저지른 학생이 피해자들과 만나고 대화하게 해서 자신들이 저지른 행동으로 인해 상대방이 얼마나 피해를 입게 되었는지 이해하고 이후 존중할만한 더 나은 선택을 하도록 돕는 것이다. 이어지는 이야기는 어떤 잘못된 행동에 대해 처음에는 처벌 위주로 접근했다가 회복적 방식으로 마무리되는 과정을 보여준다.

13살 여학생 A는 엄마에게 친구들과 놀러 가도 되냐고 물었다가 "안돼!"하는 단호한 거절의 소리를 들었다. A는 특히 엄마가 안 된다고 한 이유를 "왜냐하면 엄마가 안 된다고 했으니까"라고 말했을 때는 화가 치밀어서 문을 쾅 닫고 방으로 들어가버렸고 버릇없는 행동으로 불만을 표출했다. A가 오후 내내 이런 행동을 계속하자, 엄마는 A에게 벌을 주는 것으로 문제에 대처했다. A는 벌로 3주 동안 외출 금지를 받게 되었다.

두 모녀 사이의 불만과 긴장은 계속 고조되어만 갔다. 어느 날 두 사람은 날을 잡고 마주 앉아서 왜 문제가 이렇게 되었는지 이야기를 나누었다. 대화를 통해 두 사람 모두 서로에게 화가 잔뜩 나 있었다는 것과 이 일로 A가 부당한 듯 보이는 처벌을 받게 되었다는 것을 인식할 수 있었다. 대화 가운데 A는 입장을 바꿔서 생각해보니 자기가 벌을 받았다고 해서 화 낼 일은 아니었던 것 같다고 말했다. 엄마도 벌을 내린 이유가 화를 냈다는 것 자체 때문이 아니라 A가 화를 표현하는 방식이 부적절하다고 판단했기 때문이라고 대답했다.

대화를 계속 이어나가면서 A는 왜 엄마가 화가 났고 자신이 벌 받을만한 행동을 했다는 사실을 인정하게 됐다. 그래서 A는 외출 못하는 것 말고 다른 방식으로 잘못에 대한 대가를 치를 수 없을지 생각했다. A는 벌칙으로 외출 금지 대신에 자기가 가족을 위해 일주일 동안 저녁 식사를 만들면 어떻겠느냐고 엄마에게 제안했다.

원래는 A가 부적절한 방식으로 화를 표출한 부분에 대해 벌을 내리기 전에 대화가 이루어졌어야 했겠지만, 분명히 그 당시에는 두 사람 사이의 격렬한 감정의 정도가 매우 높았을 것이며, 그 때문에 문제를 창의적으로 생각할 수 있는 여지는 상대적으로 낮았을 것이다. A에게 자기 행동에 대한 대가로 해야 할 일을 말해보라고 허락했더라면, 분명 그저 3주간 외출을 못하는 것 이상으로 다양한 이야기들이 나왔을 것이다.

새로운 해결책이 A와 엄마에게, 혹은 아빠에게 주어졌다. 이들은 딸이 일주일간 가족을 위해 저녁 식사를 만드는 동안 함께 시간을 보낼 수 있는 기회를 얻게 된 것이다. 이 해결책은 A에게 인생을 보다 가치 있게 살아가는 방법을 알려주었으며, 이에 더해 부모님 입장에서 A가 왜 친구들과 놀러 가는 일을 허락할 수 없었는지 설명할 수 있는 추가적인 시간도 제공했다. 또한 갈등 한가운데에서는 간혹 생각조차 할 수 없던 진정한 대화를 시도할 수 있는 기회를 주었다. A의 가족들은 단지 당면한 그 문제만이 아니라 그들 사이의 관계에 대해 이야기를 나눌 수 있었다. 또한 분명히 서로 주고 받았을 밑바닥에 깔린 상한 감정도 들여다 볼 수 있게 됐다. 그렇게 되자, 이들은 이제 가정을 창조적이고 의미 있는 관계로 만들려면 어떤 가치들을 중요한 것으로 여겨야 하는지 이야기할 수 있게 되었다.

이제, 다음 장에서 회복적 학생생활교육의 근거가 되고 이를 형성하는 가치와 원칙들이 무엇인지 살펴보자.

제2장 • 회복적 학생생활교육의 가치와 원칙들

많은 학교들이 이미 자체적인 학교 정책과 윤리 지침을 세우기 위해 이에 근거가 되는 나름의 가치들을 발전시켜 왔다. 이런 가치들은 학교 공동체에 속한 모든 사람들이 교육에 대한 공통의 전망을 갖게 할 목적으로 만들어졌다. 이러한 많은 가치들은 이미 넓은 의미의 회복적 정의 가치들을 반영하고 있다. 그 속에는 존경, 신뢰, 상호 의지, 자기 통제, 자기 훈련, 수용성, 책임감 같은 가치들이 들어있다.

회복적 정의는 이런 가치들을 더 선명하게 강조하고 이를 기반으로 구체적 실천 원리들을 도출해 낸다. 하워드 제어는 자신의 책 『회복적 정의/사법 리틀북』*Little Book of Restorative Justice*에서 다음과 같은 회복적 정의의 기본 원칙들을 제시한다.

회복적 정의란

1. 발생한 **피해**와 그에 따른 관련자들의 요구에 초점을 맞출 것피해 자는 물론, 공동체와 가해자도 포함

2. 피해로 인해 발생한 **책임과 의무**를 분명히 할 것가해자뿐 아니라, 공

   동체와 지역사회의 의무까지도

3. 여러 주체가 참여하는 **포괄적이고 협력적인** 문제 해결 과정을 따

   를 것

4. 문제 상황에 실제 정당한 이해 관계를 가진 **모든 주체를 참여**

   시킬 것피해자, 가해자, 공동체 일원, 지역 사회

5. 문제를 **바로잡을** 수 있는 방안을 찾을 것

　　위에 제시한 모든 원칙들은 반드시 타인을 존중하는 자세를 근

거로 해야 한다.

　　다음은 회복적 학생생활교육의 가치와 개념들을 반영해 학교 현

장에서 실제 적용할 수 있도록 만든 몇 가지 실천 원리들이다.

회복적 학생생활교육이란

1. 관계가 공동체 형성의 중심이라는 점을 인식할 것

● 회복적 학생생활교육은 학교에 서로 존중하는 문화와 분위기

　를 형성하여 튼튼한 관계성과 공동체를 만들어 갈 것을 추구

　한다.

● 모든 학생과 교사, 교장, 직원은 학교 공동체의 가치있는 일

　원이다.

● 학생들이 반드시 학교 공동체에서 생활하면서 지켜야 할 가치

와 원칙을 만드는 일에 직접 참여해야 한다.

● 학생들 사이에 유대가 형성되고 공동체 내부에 결속이 다져지면, 교과 내용 그 이상의 특별한 것들이 만들어진다.

2. 관계를 강화하는 방향으로 잘못된 행동과 피해를 해결할 수 있는 시스템을 고안할 것

● 학교는 안전한 배움의 장이 될 수 있도록 정책을 세울 것. 그러나 진정한 안전은 서로 존중하는 관계를 만들어갈 때 생기는 것이다.

● 학교 정책은 반드시 학교 공동체가 모두 합의한 가치와 원칙에 따라 세워져야 한다.

● 정책은 학생생활교육 시에 발생하는 현상적 문제만이 아니라 그 근본 원인을 다루어야 한다. 잘못된 행동의 원인은 다양할 수 있으며, 각각의 원인은 그에 걸맞게 다루어져야 한다.

● 학교를 관계 중심의 공동체로 만들어가는 일을 쉽게 하려면, 학교를 작은 단위로 구성된 연합체 구조로 만드는 것이 바람직하다.

3. 단순히 규범을 어긴 부분이 아니라 피해가 발생한 부분에 초점을 맞출 것

● 잘못된 행동은 단지 규범을 어긴 행위가 아니라 사람 사이의 관계를 깨뜨린 행위이다.

- 위반 행위를 해결하려면 잘못된 행동으로 인해 피해를 입은 모든 사람이 참여해야 한다.
- 피해를 입은 당사자가 관계 문제 해결에 있어 1차적 고려 대상이다. 2차 관계자들은 사건에 영향을 받았을 다른 학생들, 교사, 학부형, 교직원, 주변 공동체 등이 될 수 있다.
- 본인이 겪은 부당함을 바로 잡으려다가 잘못된 행동이 발생하는 수도 많다. 피해를 입은 사람들은 자신이 부당하게 대우받고 있다고 생각한다. 학생생활교육은 반드시 이런 인식을 바로잡을 수 있는 여지를 문제 해결 과정 속에 남겨놓아야 한다.

4. 피해자에게 목소리를 낼 수 있게 할 것

- 피해자가 지금 당장 느끼는 안전에 대한 우려가 우선적으로 다루어져야 한다.
- 피해자에게 자신이 문제 해결에 직접 목소리를 낼 수 있도록 기회를 주어야 한다.

5. 공동으로 참여하는 문제 해결방식을 활용할 것

- 잘못된 행동은 관련된 사람 모두에게 위기와 기회를 동시에 만들어 준다.
- 사람은 모두 인간이 갖는 기본 필요를 채우기 위해 행동하기 마련이다. 소속감, 자유, 능력, 재미 등 학생들은 이런 근저에 깔린 욕구를 충족하기 위해 여러 행동을 선택하게 된다.

- 가족과 학생들, 공동체는 서로 격려함으로써, 함께 문제를 인식하고 근본적 필요를 충족할 수 있는 해결책을 찾아나가야 한다.
- 잘못된 행동은 모두가 함께 참여한다면, 귀중한 배움의 시간이 될 수 있다.

6. 변화와 성장이 가능하도록 힘을 실어 줄 것

- 학생들이 변화하고 성장할 수 있게 하려면, 우리는 아이들로 하여금 자기들의 요구를 인식하게 하고, 그런 요구를 충족시키는 생활 방식과 대안을 찾아갈 수 있도록 도와야 한다.
- 사람들 사이에 발생하는 갈등은 타인과 관계를 맺고 살아가는 우리 삶의 한 부분이다.
- 문제를 해결하는 과정이 경청과 성찰, 문제 해결방식 공유, 신뢰와 책임 등을 통해 관계를 바로 세우는데 맞춰져 있다면, 갈등은 변화를 위한 좋은 기회가 될 것이다.

7. 책임감 키우기

- 진정한 책임감은 자신이 한 행동이 다른 사람에게 미친 영향을 이해하는 것이다. 그것을 인식함과 동시에 그 영향이 부정적이었을 경우 이를 바로잡으려고 노력하는 것이다.
- 잘못된 행동의 결과로 주어지는 처벌은, 처벌 대상에게 그것이 합당한 내용인지, 회복적인지, 존중의 요소가 있는지 등을

고려해서 내려져야 한다.

● 학생들에게 반드시 지속적으로 책임감과 협동심을 키우는 기회를 제공해야 한다.

● 어떤 학생들은 스스로 변화의 지점을 찾기를 거부하고, 자신들이 어떤 책임을 감당해야 하는지에 관한 결정을 어른들이 내려주기를 바란다.

● 가끔은 학생이 스스로 자기 행동으로 생긴 피해 결과를 인식하기 전 까지는 "곁에서 걷기"walking alongside 올바른 행동을 하도록 학생들을 점검하고 지시하는 것 보다는 계속 "뒤에서 걷기"walking behind 필요할 경우 뒤에 누군가 있다는 사실을 학생으로 하여금 알게 하는 것 전략을 쓰는 것이 필요하다.

다른 실천 방법들을 더 살펴보기 전에, 위에 제시한 원칙들을 적용한 회복적 학생생활교육을 당신이 실제로 따르고 있는지 다음에 나오는 항목들을 척도로 점검해 보자.

회복적 학생생활교육 실천 기준

당신이 아래 사항을 실천하고 있다면, 당신은 학교 현장에서 회복적 학생생활교육을 지향하고 있다고 할 수 있다.

1. 관계에 우선적 초점을 맞추고, 규칙은 부차적으로 보고 있다면

● 당신의 대응이 단순히 정책 위반 행위에만 초점을 맞추지 않

고 그 너머까지 바라보고 있는가? 동일한 수준의 관심을 개인이나 공동체가 겪었을 피해 상황에도 기울이고 있는가?

- 정보를 모으는 동안 사건에 관련된 개인들의 안전을 보장하기 위해 어떤 실질적인 노력을 하고 있는가?
- 자문과 도움을 줄 사람들이가령, 변호사, 성직자, 멘토 혹은 기타 사건 해결에 필요할 것으로 여겨지는 사람 사건과 관련된 각각의 사람들을 위해 소집되었고, 참석 여부가 동의 되었으며 당사자들로부터 인정받았는가?
- 교통 수단이나 보육시설, 통역이나 편의성과 같은 필요한 자원이 관련된 모두를 위해 고르게 제공되었는가?
- 해결책을 모색하고 찾아내는 과정 중에 비밀을 유지해야 할 사안이 따로 있는가?
- 위임 받은 보고 사항이 있는가?
- 필요할 경우, 관련 정보를 보다 폭넓게 공유할 수 있는 장치가 마련되어있는가?

2. 피해 입은 사람에게 목소리를 낼 기회를 주고 있다면

- 당신의 대응이 직접적 피해자와 사건에 영향을 받았을 잠재적 피해자 모두의 요구에 응답하고 있는가? 당신은 피해자들로 하여금 문제해결 과정에 일원으로 참여하도록 기회를 주고 있는가? 당신은 피해자들이 자신의 요구와 필요를 말하도록 요청하고 있는가? 피해자들이 그들 입장에서 정당한 문제해결

과정을 제시하도록 요청했는가?

3. 피해를 유발한 사람에게도 목소리를 낼 기회를 주고 있다면

- 당신은 피해를 유발한 사람이 자신의 요구와 필요를 말하도록 요청했는가?
- 당신의 대응이 피해를 유발한 사람의 요구를 다루고 있는가?
- 피해를 유발한 사람에게도 문제해결 과정에 일원으로 참여할 기회를 주고 있는가?
- 당신은 피해를 유발한 사람이 무엇인가 제시하거나 기여할 수 있도록 요청했는가?
- 피해를 유발한 사람에게도 그들 입장에서 정당한 문제해결 과정을 제시하도록 요구했는가?

4. 공동으로 참여하는 문제 해결책을 제시했다면

- 피해와 사건에 영향을 받은 모든 사람이 전부 관여한다는 의미에서, 공동으로 참여하는 문제 해결책이 제시되었는가? 모든 참석자들이 의사결정 자리에서 권한을 가지고 있는가? 모든 결정은 참석자 모두의 목소리가 반영되었다는 확신 속에서 상호 협력적으로 이루어졌는가?
- 모든 참석자는 간혹 개인과 단체 사이에 존재하는 힘의 불균형 문제를 인지하고 있으며, 이를 인정하고 논의하여 처리하였는가?

5. 책임감을 키워주고 있다면

● 당신의 대응이 피해를 유발한 사람으로 하여금 그 피해에 대해 책임감을 갖게 하는데 도움이 되고 있는가? 아니면, 처벌에 우선적 초점이 맞춰져 있는가?

● 피해를 유발한 사람은 자신의 행동이 다른 사람에게 어떤 영향을 미쳤는지 이해하고 있는가? 그렇지 않다면, 그 사람이 이해할 수 있도록 하는 다른 장치가 전체 과정 속에 마련되어 있는가? 예를 들면, 특정 문제에 대한 전문 교육이나 상담, 훈련 등

● 어떤 학생들은 스스로 변화의 지점을 찾기를 거부하고, 자신들의 책임에 관한 결정을 다른 사람이 내려주기를 바란다는 점을 인식하고 있는가? 이런 경우에는 대신 책임 문제를 결정하는 과정에 참여했던 사람들이 행위에 대한 책임 결과나 처벌을 내릴 필요도 있을 것이다.

6. 변화와 성장이 가능하도록 힘을 실어주고 있다면

● 당신의 대응이 피해 유발자로 하여금 다시 개인의 성장과 역량을 키울 수 있다는 자신감을 회복시키도록 하고 있는가?

● 각 개인은 자기 행동이 야기한 피해에 대해 각자의 책임을 인정했는가? 그렇지 않았다면, 그들이 책임감을 가질 만큼 성장하고 역량이 커지도록, 먼저 그들의 요구를 충족하고 도울만한 어떤 조치들을 취했는가?

7. 회복을 위한 조치를 하고 있다면

● 당신의 대응이 피해를 입은 사람은 물론 피해를 유발한 사람
까지도 공동체로부터 지지를 받고 다시 받아들여 지도록 하
고 있는가?

● 사건에 대한 책임 문제가 피해를 입은 사람 입장에서 만족할
만한 수준으로 다루어졌는가?

● 지속적으로 책임을 져야 할 부분은, 문제 처리 과정에서 확실
한 조치와 약속을 해 놓고 그 다음 단계로 이행하기로 동의 하
였는가?

● 피해를 입은 사람의 필요를 우선적으로 고려한다는 차원에서
"분리해서 접근하기" 혹은, 상호 접촉을 방지하는 일정한 절차를 정하기
전략이 문제 해결에 한 가지 방법이 될 수 있다는 점을 인식하
고 있는가?

5장에서는 이 원칙들을 적용할 수 있는 다양한 모델들을 살펴 보
게 될 것이다. 그러나 회복적 학생생활교육은 단순히 개인의 상황
과 문제만을 해결하는 접근이 아니다. 잘못된 행동을 방지하고 회
복적 정의 방을 증진할 수 있는 전반적인 환경을 조성하는 일 역시
중요하다. 바로 이 부분이 4장에서 다룰 주제이다.

제3장 • 회복적 교육환경을 향하여

    회복적 학생생활교육에는 평화학교 운동The Peaceable School Movement이 강조하는 예방적이고 교육적인 측면이 포함된다. 교육자 보딘Bodine, 크라우포드Crawford, 슈럼프Schrumpf에 의해 널리 알려지게 된 평화학교 운동은 갈등해결 능력 향상을 위한 학교 프로그램을 개발하여 학교 내에서 다양한 차원에서 이를 적용하도록 하고 있다. 예를 들어 분노 조절과 같은 학생 개인용 자료, 학교 커리큘럼에 반영한 협상 기술과 같은 학급용 자료, 학교 관리자를 위한 회복적 정책 체크리스트, 지역 공동체를 위한 빅브라더스빅시스터스 9) 같은 프로그램들을 개발 및 적용해 왔다.

    이 접근 방법은 협상과 조정 기술을 학생들에게 훈련하고 평화학교 환경을 조성함으로써 학교 안에 비폭력문화를 창조해가는 것을 목표로 한다. 회복적 학생생활교육은 평화학교 운동이 지향하는 것을 포함하지만 학교에서 어떤 피해가 발생했을 때 회복적 정의를 실천하는 것에 좀 더 초점을 맞춘다.

    회복적 학생생활교육이 강조하는 두 측면—예방적 측면과 회복적 측면—모두 갈등이 갖는 교육적 가치를 인정한다. 저명한 교육

심리학자인 존슨David W. Johnson과 존슨Roger. T. Johnson은 교육은 항상 그런 것은 아니지만 대개 갈등을 수반한다고 강조한다.[10] 또한 많은 사람들은 배움의 과정에서 갈등이 동화작용과 조화작용을 활발하게 하는 건강한 불협화음을 생산해 낸다고 믿는다.

회복적 관점에서 보면 학생생활교육은 수표로 찾는 당좌예금계좌와 비슷하다. 만약 예금계좌에서 수표로 돈을 다 인출해 쓰고는 더 이상 입금하지 않는다면 예금주는 파산할 수밖에 없다. 학생들이 교육을 받을 때 인출은 '관계성' 이란 계좌에서 이뤄진다. 이 관계성 계좌는 서로를 돌보는 공동체 안에서 형성된 존중과 상호책임, 우정 등에 기초를 두고 만들어 진다. 만약 아이들이 이런 공동체성을 경험하지 못하고 자란다면 파산하고 말 것이고 비행 행동을 하더라도 아무렇지 않게 생각할 것이다. 이런 경우 그 아이는 변화해야겠다는 동기를 거의 갖지 못하게 될 것이다.

중립적 행동이란 없다. 우리는 누군가의 삶을 세워주거나 황폐하게 한다.

넬슨Nelsen, 롯Lott, 글렌Glenn의 연구에 따르면 학생들의 학업성취 정도에 가장 큰 영향을 주는 척도는 "그 과목 선생님이 나를 좋아하시는가?"[11]에 달려있다고 한다. 학생들은 자신들이 배려와 관심을 받고 있다고 느끼지 못하는 한 학업에 흥미를 느낀다거나 지루한 학교 생활에서 자신을 열어 보이는 일을 쉽게 할 수 없게 된다. 하지만 어떤 문제가 발생하기 전에 이미 건강한 관계 형성이 이뤄져 있다면 그렇지 못한 경우보다 서로의 차이를 극복하고 문제를 해결하려는 동기가 더욱 강하게 나타나게 된다. 이러한 사실은 학습 장애를 겪고 있는 아이들에게도 동일하게 나타난다.

비록 건강한 관계 형성이 학업 성취도를 높이는 것은 사실이지만 그것만이 우리가 학교에서 좋은 관계를 형성하도록 돕는 이유는 아니다. 이는 기본적으로 인간을 존중하고 배려하는 옳은 일이기 때문이다. 평화학교 운동은 좋은 관계를 형성하고 성장시키는 것을 추구하고, 회복적 학생생활교육은 그 관계가 뒤틀어지거나 깨어졌을 때 이를 고쳐가는 것에 초점을 두고 있다.

평화학교란 긍정적인 관계와 서로 존중하는 공동체를 만들어 가기 위해 매일 일상에서 구체적인 행동과 실천을 하는 것을 통해 이루어진다. 브레난 매닝Brennan Manning에 따르면 세상에 중립적 행동이란 존재하지 않는다. 우리는 누군가의 삶을 세워 주던지 아니면 황폐하게 만든다.[12] 따라서 학생들이 순간순간 내리는 선택은 다른 사람의 삶을 황폐하게 만들거나 세워주게 된다. 더 나은 선택을 할 수 있는 자기능력을 개발하기 위해서 학생들은 자신의 행동이 남에게 어떤 영향을 미치는 지와 자기 행동을 스스로 선택할 수 있다는 사실을 반드시 인식해야 한다.

회복적 학생생활교육은 학생들에게 책임 있는 행동을 권장하고 남에게 피해를 주는 행동을 자제하게 함으로써 학교라는 배움 공동체를 지원하는 전반적인 틀을 제공하는 것을 목적으로 한다. 갈등을 성장을 위한 배움의 기회와 가르침의 시간으로 생각하는 학교에서는 관계 형성과 건강한 공동체 만들기의 가치를 담은 교육 환경과 과정을 디자인하는데 많은 관심을 쏟는다. 그리고 이러한 과정은 단지 학생들뿐만 아니라 학교장과 교사, 교직원 등 어른들을 위한 회복적 모델 개발과 적용도 포함하고 있다. 만약 어른들은 실천하지도 않는 것을 자신들이 해야 한다고 생각하게 된다면, 갈등을 변화시킬 수 있다는 가치를 학생들은 믿지 못할 것이다.

평화학교의 특성

아래 내용은 평화롭고 회복적인 환경을 제공하는 학교의 몇 가지 특성을 보여준다.

1. 회복적 실천의 모델로서의 교육자: 학교에서 당신은 어떤 모범이 되고 있는가?

당신이 어떤 사람인지가 학생들이 변하고 싶고 어떻게 변해야 할지 아는데 중요한 영향을 준다. 사람은 대개 주변에서 보게 되는 것을 통해 그 가능성을 인지하게 된다. 따라서 교사들을 위한 갈등해결교육이 학생들을 위한 것보다 우선되어야 한다. 교사는 존중과 배려의 사고 틀에서 학생들을 교육하고 있는지 늘 점검해야 한다. 또한 교사와 교직원은 단지 학생의 학업 성취도 향상 뿐만이 아니라 전인적 인간으로 자라나도록 학생을 교육해야 하는 임무를 잊지 말아야 한다.

교직원을 임용할 때 존중, 배려, 감수성 같은 품성들이 중요한 요소로 고려되고 있는지, 학교에서 교사들 같은 어른들 사이에서도 관계형성에 있어 회복적 정의 패러다임이 반영된 정책과 실천이 이루어지고 있는지, 또한 교사들의 전문성 강화를 위한 연수에 회복적 정의 실천 프로그램이 포함되어 있는지 점검해야 한다.

이 책의 43~44페이지에 나오는 회복적 정의 가이드 라인은 학교 내에서 실행되는 회복적 정의 실천 정도를 점검해 볼 수 있는 자료로 유용하게 사용할 수 있다. 학생들은 위선적인 모습에 대해 쉽게 냉소적으로 되기 때문에 이 가이드 라인을 학생들에게 적용하기 이전에 교사, 관리자, 교직원의 자체 평가에 우선적으로 적용할 필요가 있다. 학생들은 어른들이 먼저 서로를 배려와 존중으로 대하는 것을 보게 될 때, 그 행동을 본받으려 하고 자신들에게 주어지는 회복적 실천에 더욱 적극적으로 참여하려는 모습을 보인다.

2. 학급 내의 배려와 존중을 가능하게 하는 물리적 환경: 교실의 환경이 어떠한가?

교실에 공동으로 참여해 협력하고 회복적 작업을 이루어갈 수 있는 안전한 공간이 존재하는가? 학생들 사이에 차이가 존중되고 있는가? 학생들의 대화가 적절한 경계를 갖고 이뤄지고 있는가? 외부의 방문이나 도움에 교실이 열려있는가? 이미 존재하고 있는 협력적 모델이나 회복적 모델이 있는가? 이러한 질문들은 학급 내에 나타나는 외부적 분위기가 어떻게 조성되어 있는지를 점검하는 척도가 된다. 학교는 학급 내에서 서로 존중하고 배려하는 언어와

소통이 이뤄지도록 노력해야 한다.

미국 버지니아에 있는 한 사립학교에서는 각 학생들의 사물함 바깥에 조그만 화이트 보드를 설치해 놓았다. 학생들은 사물함의 주인에게 전하고 싶은 메시지—생일축하, 시험 잘 보라는 격려 등—를 적어 놓을 수 있다. 이 학교는 화이트 보드에 메시지를 남기는 학생들은 학교의 철학과 비전을 존중하는 글을 쓸 책임이 있다는 것을 입학 때부터 강조하여 교육해 오고 있다. 매년 나는 다른 학교의 교사들과 함께 학풍 견학Ethos Walk 13) 차 이 학교를 방문하여 사물함에 쓰여 있는 메시지를 보게 하는데 한 번도 이 학교가 지향하는 존중과 배려의 정신을 훼손하는 글을 본적이 없다.

3. 학급 내의 존중과 배려를 가능하게 하는 정서적 환경: 교실 내의 문화가 어떠한가?

조회, 종례, 학급회의, 협동학습, 공동체 훈련 등 교실에서 반복적으로 벌어지는 다양한 일상에서 학생들이 규칙과 원칙, 시간활용, 학급 분위기 조성 등을 자치적 권한을 가지고 해 볼 수 있도록 계획하고 있는가? 학급 내의 갈등이 어떻게 처리되고 있는가? 처벌을 좀 더 긍정적인 행동으로 바꾸어가는 과정상의 과도적 형태로 인식하는 학생생활교육 모델이 개발되고 있는가? 만약 계획이 존재한다면 그 계획이 인과응보에서 해결책 찾기로 또 다시 회복으로 옮겨가는 방향성을 갖고 있는가?

어떤 학급에서는 '평화의 책상'이나 '협상 코너'를 설치하여 학생들 스스로 대화로 문제를 풀어가도록 하고 있다. 인디애나의 한 음악교사는 합창단원 간에 무언가 문제가 있다고 판단되면 학생들을 서클모임으로 불러모아 함께 문제를 해결하게 한다. 이 교사는 합창단원들이 불편하게 느끼고 있는 점이 무엇인지 이야기하게 하고 학생들로 하여금 개인의 요구와 전체 합창단의 성장 사이에서 최선의 방법이 무엇일지 브레인스토밍하게 한다. 그 결과 학생들은 스스로 문제해결 방안을 도출하고 그 결과를 함께 나눈다. 이 과정을 통해 학생들은 합창단이란 공동체의 소속감과 단원으로써의 책임감을 높일 수 있다.

4. 회복적 학교 구조: 학교 공동체가 추구하는 비전, 정책, 실천방안은 무엇인가?

학교의 정체성과 목적이 순간순간 발생하는 자잘한 학교의 일상을 통해서 입증되고 있는가? 교사들 역시 조정훈련과 협상훈련을 받을 필요가 있으며 교사들 사이에서 이를 직접 적용해 보아야 한다. 학교 관리자는 교사를 학교의 목적 달성하기 위한 수단으로 보는가 아니면 교사 자체를 학교의 목적으로 보는가? 교사들의 감정 상태를 점검하는 커리큘럼이 존재하는가?

한번은 중학생인 내 딸이 3년간이나 계속하던 지역 합창단을 그만두겠다고 한 적이 있다. 내가 이유를 물었을 때 딸은 "우리 합창단 선생님은 나 보다는 내 목소리를 더 중요시 여기는 것 같아요. 저는 그게 싫고 더 이상 노래하는 게 재미 없어요"라고 했다. 아마 자신이 이용당한다고 느끼는 것을 좋아할 사람은 아무도 없을 것이다. 누구나 내용이 사람보다 더 중요한 초점이 될 때 이용당한다고 느낀다. 교사가 학생들의 시험성적을 높일 때만 인정받는다면 그 교사는 이용당한다고 느낄 것이다. 학교 관리자가 자신의 학교가 소위 우수한 학교라고 평가될 때만 성공한 관리자로 인정받는다면 그 관리자는 이용당한다고 느낄 것이다. 결국 이용당한다고 느끼는 사람은 가르침과 배움의 가치 자체가 주는 기쁨을 잃어버리게 될 수밖에 없다.

교사들이 먼저 조정과 협상 훈련을 받아야 한다

커리큘럼이 스스로 가르칠 수는 없다. 교사가 가르친다. 규칙이 학교를 운영하는 것이 아니다. 관리자가 운영한다. 평화학교는 학생과 교사가 함께 소중한 인간으로서의 존재 가치를 인정받을 때 가능하다. 캔자스에 있는 어느 대학의 총장은 자기 학교의 성공은 각자 특별한 재능을 타고난 학생들을 하나하나 돌보는 교수와 교직원에게 달려있다고 말한다. 이 대학에서는 심지어 학생들이 이제는 학교를 더 이상 다니지 않게 되더라도 교수들이 정기적으로 학생들을 만나 인생의 진로와 선택을 위한 충심 어린 조언을 아끼지 않고 해 준다. 만약 어떤 학교가 학생들을 돌본다고 대외적으로 표명한다면, 그 학교에는 실제로 그 돌봄을 실천하는 구체적인 방안이 마련되어 있어야 한다.

5. 갈등해결교육Conflict Resolution Education, CRE: 학교에서 갈등해결

이 어떻게 가르쳐 지고 있는가?

학생들이 협상능력, 조정기술, 합의형성 과정 등을 어떻게 배우고 있는가? 학생들이 역사, 과학, 수학, 체육, 언어 등의 과목과 더불어 갈등을 다루는 전략도 배우는가? 학생교육 전반에 걸쳐 갈등해결 능력향상에 초점을 맞춘 커리큘럼이 개발되어 있는가? 학생 개인의 대인관계 능력을 스스로 발굴시켜줄 관계성 훈련 매뉴얼이 있는가? 좋은 습관을 실천하게 유도하는 실습가이드 자료가 개발되어 있는가?

다양하게 개발되어 있는 갈등해결 기술향상을 위한 커리큘럼을 유치원에서 중고등학교 교사들에 이르기까지 자신들의 특수한 상황과 목적에 맞게 개발하여 적용할 수 있다.[14] 관련하여 이 책의 참고문헌에 몇 가지 자료를 소개했다.

훈련 받은 교사들은 간혹 갈등해결 가이드 라인을 자신의 학급 운영 원칙에 적용하거나 생활 규칙에 포함하기도 한다. 예를 들어, 협상의 기본적 규칙인 대화로 문제 풀기, 끼어들지 않고 상대방의 발언권을 인정하기, 비방의 언어가 아닌 존중의 언어 사용하기 등을 "상호 존중"이라는 학급운영의 큰 원칙 안에 포함시키는 것이다.

6. 친절 커리큘럼: 학교에서 친절에 대해 어떻게 직접적으로 가르치고 있는가?

학생들은 자신의 감정을 인지하고 적절하게 표출하는 방법을 배울 필요가 있다. 학생들이 존중과 배려의 행동에 대해 감사하고 지지하고 실천하는 것을 배우는 것은 중요하다. 또한 학생들은 남의 생각과 의견을 경청하는 법과 문제를 예방하고 창의적으로 해결하기 위해 자신들의 요구를 정확하고 부드럽게 표현하는 방법을 배울 수 있어야 한다.

평화는 내가 포용되고 다른 사람을 포용하는 것으로부터 시작된다. 다른 사람과 친하게 지낸다는 말은 다른 관점을 존중하고, 공감 능력을 키우고, 편견이 어떻게 작용하는지 이해하는 것을 의미한다. 친절은 다른 사람과 무엇인가 즐거운 일을 계획하고 그것을 함께 해 나가는 과정을 통해 배우게 된다. 아이들은 서로 함께하는 놀이를 통해 신뢰와 협동, 나눔을 배운다. 바로 이 특성들이 학급에서 그대로 나타나고 학습되도록 도와주는 것이 중요하다.

언젠가 나는 친구가 싸온 간식을 계속해서 훔쳐 먹는 어떤 초등학교 아이의 문제를 다룬 적이 있다. 당시 나는 대학교에서 교생 실습을 나온 교대 생들을 관리하는 입장이었는데, 점검 차 그 초등학교를 방문했다가 마침 그 학급에 실습 나온 교대 생을 만나 이야기를 듣게 되었다. 그 교생은 오늘도 A가 친구B가 집에서 싸온 쿠키를 훔쳐 먹을게 분명하다고 나에게 이야기해 주었다. A가 화장실에 간 사이 나는 그 교대 생에게 허락을 받고 B와 이야기를 나눌 수 있었다.

"만약 네가 A의 책상에 너희 집에서 가져온 쿠키를 하나

올려놓으면 어떤 일이 벌어질까?"

"걔가 그냥 좋다고 먹겠죠."

"내 생각에는 A가 쿠키를 먹기 전에 그걸 보고 놀라서 웃으면서 너를 고맙게 쳐다볼 것 같은데. 우리 한번 A가 어떻게 하나 볼까?"

"그럼 내가 그 아이 책상에 쿠키를 하나 갖다 놔 볼게요." 그리고 B는 A의 책상에 집에서 어머니가 정성껏 만들어준 맛있어 보이는 쿠키를 하나 올려놓았다.

"우리 저기로 가서 A가 어떻게 하는지 볼까?"

우리는 서로 다른 쪽에 앉아 A가 어떻게 반응하는지 살펴보았다. 화장실에서 돌아온 A는 책상에 앉을 때까지 쿠키가 있는지 알아채지 못하다가, 쿠키를 보고는 얼굴에 커다란 미소를 지었다. 그리고 B를 바라보았다. 사실 아무 말도 않고 그냥 커다란 미소를 띠고 B만 바라보았을 뿐이다. 하지만 내가 그 학교에 다시 방문했을 때 그 아이들의 담임선생으로부터 B는 그 사건 이후로 A와 늘 함께 점심과 간식을 나눠 먹고 있다는 이야기를 듣게 되었다.

자신의 내면에서 어떤 필요가 우러나와야 우리는 남을 공감하는 법을 배우게 된다. 많은 경우 공감은 연민과 동정의 마음을 키워주고 올바른 선택을 하도록 동기 부여해 준다. 우리가 아이들에게 상대의 입장이 되어보라고 가르쳐 주면, 아이들이 실제로 그렇게 하는 일은 가능하다.

7. 맞춤형 교육에서 맞춤형 학생생활교육으로 – 다양한 학교 상황에 걸맞은 학생생활교육이 이뤄지고 있는가?

만약 우리가 학생 개개인의 장점에 맞춰 학생생활교육이 이뤄져야 한다고 믿는다면, 개별 학생들에게 획일화된 학생생활교육 전략으로 접근해서는 안 된다. 학생들의 감정 상태와 필요를 이해하게 되면 교사와 학생들은 변화를 이끌어내고 장점을 극대화하는 학생생활교육 과정을 선택할 수 있게 된다.

어떤 여학생이 체육복을 분실하는 바람에 학교 규칙에 따라 체육수업에 참여할 수 없었다. 결국 여학생은 다음 날 체육복을 새로 사려고 돈을 가져와 사물함에 넣어두었다. 그런데 수업 끝나고 사물함으로 돌아오는데 어떤 아이가 자기 사물함을 급하게 닫고 달아나는 것을 보게 되었다. 주변 아이들의 이야기를 들어보니 그 아이가 사물함을 발로 차서 열고 뭔가 훔쳐 달아났다는 것이다. 다음 체육시간에 선생님에게 이 상황을 설명 드렸지만 규정에 따라 그 여학생은 수업에 또 참여할 수가 없었다. 그래서 담임선생님에게 상황을 설명 드렸더니 선생님은 "학교에 돈을 가지고 오면 안 되는 것을 모르니?"하고 오히려 야단을 쳤다. 결국 부모님의 요청으로 교장 선생님에게 말씀 드렸지만, 그 여학생이 들은 것은 "사정이야 딱하지만 학교에 돈을 가져오면 안 된다는 것이 학교의 규칙"이라는 것이었다.

> **관계보다 학칙을 우선하면 양자를 다 잃게 된다**

내가 이 이야기를 중학교 학부모들에게 했을 때 많은 학부모들이 자신이 겪은 이와 비슷한 경험, 즉 학교에서 벌어지는 '규칙을 위한 규칙' 사례를 들려주었다. 대개 이럴 경우 피해자는 무시되거나 오히려 비난의 대상이 되기 쉽다.

우리가 피해에 대응할 때 관계보다는 규칙에 의존하게 된다면, 누구에게도 유익하지 않은 결과를 낳고 만다. 이런 경우 피해자는 기댈 곳이 없다고 느끼게 되고 학업에 흥미를 잃게 되는 수가 많다. 또한 학교를 배려가 없는 곳으로 인식하는 가족은 학교에 기여하고 싶은 마음이 생기기 어렵다. 이런 사실을 알게 되면 다른 학생들도 결국에는 바뀌는 것은 없을 테니 아예 이런 문제를 거론하지 않게 된다. 교사와 관리자도 자신들이 내릴 수 있는 선택의 폭이 너무 좁다는 사실에 실망하게 된다. 가해자는 오히려 피해자를 비난하게 되고 나중에 가서 누군가 자신들의 책임에 대해 이야기하면 왜 자신들이 책임을 져야 하는지 필요를 못 느끼게 된다.

예를 들어, 위의 사건에서 돈을 훔쳐간 아이는 또 다시 그런 행동을 반복할 확률이 높다. 만약 그 아이가 나중에 잠그지 않은 차를 열고 물건을 훔치다 걸린다면, "차를 열어놓은 주인의 책임이지 왜 나에게만 잘못을 묻느냐?"라고 항변할지도 모른다. 작은 사건 하나가 제대로 다뤄지지 않으면 결국은 전체 공동체 관계성에 나쁜 영향을 주는 악순환으로 이어질 수도 있다.

만약 이 상황에서 피해를 입은 학생과 피해를 야기시킨 학생이 서로의 요구에 기초한 회복적 대화를 나눌 수 있다면 어떨까? 인과응보 식으로 행위 자체에 대한 미리 정해진 처벌—또는 아무 조치도 내려지지 않는 것–보다 이 사건으로 영향을 받는 모든 사람들이 참여하는 대화모임을 갖는 것은 어떤가? 피해학생, 가해학생, 그들의 보호자들, 사건을 본 학생들, 학교 관계자 등 이 사건으로 중대한 영향을 주고받는 모든 사람들이 참여하여 잘못된 것을 함께 고치고 앞으로 이런 일이 재발하지 않도록 하는 방안을 머리를 맞대고 결정하는 모임을 갖는 것이 회복적 대화모임이다.

유연한 학교정책

비록 이름은 다르게 부르더라도 많은 학교에서 학교정책의 방향을 결정하는데 회복적 접근을 적용하고 있다. 아래는 반드시 회복적 학생생활교육 정책을 사용하는 것은 아니지만 회복적 대응을 할 수 있을 만큼 학생생활교육 정책이 유연한 학교의 예이다.

이 학교는 학교 내 처벌 외에 '교육적 처벌을 위한 대안정책'이 존재하기 때문에 정학 처분을 받을 만한 행동이나 그에 준하는 처벌을 받아야 하는 학생들을 대상으로 이를 적용하고 있다. 이 정책은 학생들이 이 사립학교에 다니는 한 365일 하루 24시간 내내 적용된다.

학기 중에 어떤 사건이 발생하면 그 사건의 당사자는 사건이 발생한 날로부터 40~60일 동안은 학교 수업 외에 다른 어떠한 추가 교육이나 학내 활동에 참여할 수 없다. 대신 그 학생은 추가적인 학생생활교육을 받아야 한다. 하지만 "상황을 고려해 교사의 재량에 따라 학칙이 정하고 있는 처벌보다 더 높거나 낮은 결정이 내려

질 수 있다"라고 학칙에 명시되어 있다. 이 조항 덕분에 아래 사건은 회복적 접근을 할 수 있었다.

이 학교의 농구부 일원과 일부 학생회 간부 등 총 10여 명의 학생들이 주말에 한 학생의 집에 모여 술을 마신 것이 밝혀지면서 학칙 위반으로 학교의 징계를 받게 되었다. 심혈을 기울인 검토와 오랜 시간을 요하는 준비 끝에 학교는 이 사건에 개입한 모든 학생들에게 정학 기간을 줄여 주는 대신에 '회복적 서약'을 맺을 것을 제시하기로 결정했다. 이 서약에는 회복적 정의 대화모임다음 장 참조 참여, 사회봉사 이행, 멘토링, 기타 교육적 활동 참여 등이 포함되었다.

사건이 발생한지 몇 주 후에 모두 35명의 학생, 학부모, 교사, 학교관계자들이 한자리에 모여 다음과 같은 질문에 답하기 위해 회복적 대화모임을 갖게 되었다.

- 그날 밤 술을 먹은 사실을 부모님, 선생님, 친구들이 알게 되었을 때 학생들은 어떤 생각과 기분이 들었나요? 학생들 답변
- 그 때 이후로 지금까지 어떤 일들이 있었나요? 참가자 모두 답변
- 본인들의 행실로 누가 가장 큰 영향을 받았고 어떻게 받았다고 생각하나요? 학생들 답변
- 학생들이 모여서 술을 마셨다는 사실을 알았을 때 어떤 생각과 기분이었나요? 부모, 교사, 학교 관리자 답변
- 그 때 이후로 어떤 상황들을 겪게 되었나요? 참가자 모두 답변

● 학교 공동체로 다시 돌아가기 위해 또한 가족의 신뢰를 다시 회복하기 위해 어떤 것들을 본인이 해야 한다고 보나요? 학생들 답변

● 어떤 것들이 이뤄져야 한다고 생각하나요? 부모, 교사, 학교 관리자 답변

세 시간에 걸쳐 진행된 회복적 대화모임은 학생, 보호자, 학교 관리자, 교사 등에게 그 일로 인해 생겨난 결과에 대한 실망과 희망에 대해 이야기 나눌 수 있는 시간이었다. 또한 학생들이 학교와 공동체의 생활로 복귀하는 것이 각자에게는 어떤 의미인지 허심탄회하게 나눌 수 있는 기회였다. 많은 참가자들은 이 대화의 시간이 모두에게 주어진 선물이었고 이런 시간이 일찍 이뤄졌으면 더 좋았을 것이라고 생각했다. 또 다른 참석자들은 신뢰를 회복하기 위해 더 많은 논의들이 이뤄져야 했다고 생각하기도 했다.

그 결과에 대한 평가를 떠나서 이런 과정이 가능했던 이유는 바로 학교가 '학칙'을 좀 더 유연하게 해석했기 때문이었다. 물론 학교는 학교 구성원의 안전과 학교의 발전을 위한 정책을 세울 필요가 있다. 하지만 위 학교처럼 삶의 가치와 미래지향적인 결과를 더 많이 창출할 수 있는 창의적인 선택이 가능하도록 하는 정책이 필요하다. 다음 장에서 이러한 창의적인 선택들에 대해 더 자세히 알아보자.

제4장 • 회복적 학생생활교육의 모델과 적용

앞장에서 우리는 회복적 정의의 원칙과 가치에 대해 살펴보고 좀 더 넓은 의미에서 평화롭고 회복적인 학교환경을 조성하는 것이 얼마나 중요한가에 대해 알아보았다. 이번 장에서는 학교에서 진행되고 있는 회복적 학생생활교육의 몇몇 특정한 모델과 적용에 대해 알아보도록 하겠다. 경우에 따라서는 모델과 적용을 분리하는 것이 어렵겠지만 가능하면 우리가 전달하려고 하는 모델을 예시를 통해 설명하고자 한다.

통합적 학교Whole-school 접근 방식

중고등학교의 회복적 정의 적용 프로그램인 평화 대화Conversation Peace는 캐나다 브리티시 콜럼비아의 랭리Langley 지역에서 활동하는 프레저 지역공동체 정의센터Fraser Region Community Justice Initiatives Association라는 민간단체와 지역 교육청 간 협력으로 생겨났다. 이 프로그램은 그 지역 교육청에 소속된 학교의 교사와 학생들을 대상으로 하루에 6시간 반씩 4일 동안 진행되는 훈련 프로그램을 운영하고 있다. 이 훈련 프로그램에서는 회복적 행동 철학을 배우고 의사소통기술과 조정과정을 훈련 받는다.[15]

콜로라도 학교 조정 프로그램에서는 학교 내의 종합적인 프로그램 개발의 중요성을 인식하여 훈련 중심의 통합적 학교 접근방식을 실행하고 있다. 이 훈련 내용을 보면 분노조절, 집단 따돌림 예방 및 개입, 갈등해결, 각 과목에 접목된 평화교육, 다양성 인식, 평화 교실, 또래 조정, 긍정적 학생교육, 회복적 정의 조정 훈련 등 학교 전반적 차원에서 진행되고 있음을 알 수 있다.[16]

정학 조치 이후 재통합

정학 처분은 많은 학교에서 학칙을 어긴 학생에 대한 징계로 사용되어 왔고 소위 무관용 원칙Zero Tolerance에 따라 이뤄지고 있는 것이 대부분이다. 미국 노스캐롤라이나의 롤리Raleigh에 있는 학교폭력 예방센터는 다음과 같이 학교 정학의 문제점을 지적하고 있다.

- 교실로부터 격리시키는 정학 처분이 높은 곳 일수록 독서, 수학, 작문 등의 학업 성취도가 낮게 나타난다.
- 교실로부터 격리시키는 정학 처분이 많은 주州일수록 소년교도소 수감 인원 역시 높게 나타난다.
- 교실로부터 격리시키는 정학 처분에 인종간 불균형이 높은 곳 일수록 소년교도소 내의 인종불균형도 높게 나타난다.[17]

많은 학부모와 청소년 전문가, 교육학자들은 현재 학교에서 실행하고 있는 무관용 정책이 갖는 부작용에 대해 경고하고 있다. 연구에 따르면 정학 처분이나 강력한 처벌 중심의 정책이 학교를 안전하게 한다거나 학생들의 비행을 변화시키지 못하고 있음을 보여준다. 정학 처분을 통해 학교에서 이 학생들을 배제하는 것은 이들의 학업성취를 더욱 어렵게 만들기 때문에 고등 교육을 향한 진학 실패율을 높일 뿐 아니라, 마치 이들을 사법 절차 속으로 들어가는 전초 단계로 밀어 넣는 것과 같다. 어떤 사람들은 이런 현상을 '학교와 감옥을 잇는 연결관' school-to-prison pipeline 이라고 표현하기도 한다.

어떤 학교에서는 학교 내 정학 처분을 완전히 없애지 않은 상태에서, 비록 정상 수업을 듣게 하는 것은 아니지만 문제 학생이 지속적으로 교육 기회를 놓치는 일이 생기지 않도록 배려하는 정책을 사용하고 있다. 이 장 후반부에서 정학 처분을 줄이는 방법으로 회복적 과정을 사용하는 방법에 대해 다룰 예정이다.

정학이 끝난 이후에는 대부분 학생들이 학급으로 복귀하기 때문에 이들을 안전하게 학교 공동체로 재통합하기 위한 계획이 마련되어야 한다. 2001~2002년도에 미국 미저리 주 세이튼 죠셉St. Joseph에서는 미저리 웨스턴 주립대학의 주도하에 소년법원의 지원을 받아 청소년 비행 예방 기금 프로그램Delinquency Prevention Challenge Grant Program이 진행되었다.[18] 이 기금으로 회복적 정의 프로그램 진행자가 지역 교육청 산하의 학교에서 정학 처분을 받고 있는 중학생에게 훈련 프로그램을 실시하는 일이 가능해졌다. 이 프로그램 진행자는 정학을 맞아 10일간 교육을 받도록 인계된 학생들에게 회복적 정의 원리를 설명하고 교육 프로그램을 진행했다. 그리고 이 학생들이 학교로 복귀할 때는 학생 당사자 피해와 가해 학생 모두와 학부모, 학교 관리자, 상담교사, 교사 등이 참석하는 회복적 정의 대화모임에 참가할 것을 권유 받았다.

**정학 조치가
학교를 더
안전한 곳으로
만들지 못한다**

이 프로그램에서는 정학 처분을 받은 학생뿐 아니라 학교 관리자, 지역 교육청 관계자, 교사 등도 회복적 정의 훈련을 받도록 했다. 그런 후 회복적 정의 대화모임을 열기 위해서 학생들의 보호자에게 편지를 보내 자녀들의 학교 복귀 이전에 대화모임이 열리는 것을 공지하여 참석하도록 유도했다.

대화모임의 모든 참석자는 진행자와 사전에 만나 회복적 정의 대화모임에 대해 설명을 듣고 자발적으로 참석할 지를 결정하는 시간을 가졌다. 그리고 대화모임 이후에는 상담교사가 참가 학생들을 만나 대화모임에서 만들어진 합의 사항들을 잘 이행하는지 확인하는 과정을 밟았다.

이 프로젝트의 첫 해에 참여한 그 지역 교육청 산하 중학교는 4곳이었고 주로 중학교 1, 2학년이 대상이었다. 총 76명의 학생들이 지역 교육청 정학 프로그램을 거쳤고 그 중에서 40명이 회복적 정의 대화모임에 참석하였다. 아래의 도표와 같이 대화모임에 참석했던 40명은 재발방지 측면에서 의미 있는 변화를 보였다.

비행내용	대화모임 이전	대화모임 이후
학습교육 거부 및 방해	17명 (55%)	7명 (23%)
숙제 미비	9명 (29%)	2명 (6%)
싸움	3명 (10%)	1명 (3%)
교직원 불복종	22명 (71%)	8명 (26%)
언어폭력, 험담	7명 (23%)	2명 (6%)
절도	2명 (6%)	0명 (0%)
평균 무단결석 일수	2.2일	0.23일

다음은 회복적 정의 대화모임 이후 참석했던 교장들에게 대화모임
에 대해 물은 설문조사 내용에서 나온 몇 가지 이야기들이다.

- "우리는 정학 처분을 받은 사건을 깔끔하게 마무리 할 수 있었
  다."
- "학생들이 스스로 책임을 가지고 성공적인 해결책계획을 만들
  어 냈고, 참가자 모두는 이 계획이 무엇인지 잘 알 수 있었다."
- "학부모와 건설적인 만남을 가질 수 있었다."
- "문제 학생들이 교사와 동료 학생들에게 보상할 수 있는 기회
  였다."
- "자신의 행동으로 다른 사람들이 어떤 영향을 받았는지 알게
  되는 계기가 되었다고 본다."

이 관리자들은 회복적 정의가 자신들의 학교에서 일어나는 다른 상황에도 적용될 수 있으리라는 매우 희망적인 가능성을 피력하였다.

학생들에게 왜 회복적 정의 대화에 참가할 것을 선택했는지 물었다. 학생들의 대답은 다음과 같다.

- "저희 선생님에게 사과하고 싶어서요."
- "제가 잘못한 것에 대해 내 스스로 고칠 수 있어서요."
- "선생님에게 제가 진심으로 뉘우치고 있고 잘 하려고 노력하고 있다는 것을 분명히 보여주고 싶었어요."
- "왜냐하면 내가 한 일은 분명히 잘못된 것이고 그걸 사과하고 싶어서요."
- "제가 회복적 정의 대화모임에 나온 것은 내가 사과하지 않는 사람으로 보이는 것이 싫어서에요."

세인트 죠셉St. Joseph 프로젝트는 회복적 정의가 정학 처분을 받은 학생이 학교 공동체로 재통합되는데 의미 있는 접근법이 될 수 있다는 시사점을 보여주었다. 그러나 궁극적으로는 정학 처분이 필요한 상황을 줄여 나가는 것이 더 좋다. 다음에 소개할 모델들은 정학 처분을 최소화할 수 있는 문제 해결과 학생생활교육 과정을 보여준다.

학급회의

최근에 한 초등학교 5학년 학생과 학기 초에 만들어진 학급운영 원칙에 대해 이야기를 나눈 적이 있다. 학급운영 원칙에 어떤 내용이 있는지 묻자, 그 학생은 "사실 뭔지 기억이 잘 않나요. 근데 뭐 크게 상관없어요. 우리 선생님도 별로 신경 안 쓰시는 것 같던데요"라고 대답했다. "혹시 그 운영원칙을 만들 때 학생들이 같이 참여했니?"라고 물으니, "아니요, 그냥 선생님께서 칠판에 적으시고 우리에게 동의하냐고 물으셨어요. 그게 다예요."

회복적 접근법은 정학을 줄이고 재통합을 이룬다

학생들은 특정 그룹에 속해 자신의 생각과 의견이 받아들여지고 있다는 느낌, 즉 일종의 소속감을 얻을 필요가 있다. 학급회의는 그냥 학업활동의 한 과정으로 주어진 시간이 아니라 학생들 편에서 중요한 사안과 염려에 대해 함께 논의함으로써, 학교에서 생길 분쟁을 미리 예방하는 매우 중요한 시간이다. 만약 우리가 아이들에게 의사소통 기술, 경청, 다른 사람의 생각을 가치 있게 받아들이는 것과 같은 삶에 꼭 필요한 덕목을 가르치는 것을 교육의 목표 중 하나라고 믿는다면, 학급회의를 진행하는데 드는 시간 비용은 학생들의 삶에 하는 중요한 투자라는 것을 기억해야 한다.

『긍정적 학생생활교육』*Positive Discipline in the Classroom*이라는 책에서 넬슨Nelson, 롯Lott, 글렌Glenn은 효과적인 학급회의를 위한 8가지 기본요소를 다음과 같이 이야기 하고 있다.[19]

1. 모두가 참석하는 서클원형모임 형태를 준비하라.

2. 칭찬과 감사의 표현을 사용하라.

3. 논의할 주제를 분명하게 명시하라.

4. 의사소통 기술을 활용하라.

5. 사람마다 배우는 방식의 차이가 있다는 점을 학생들이 이해하도록 하라.

6. 왜 다른 사람들이 그렇게 생각하는지 학생들이 이해하도록 도우라.

7. 역할극과 브레인스토밍을 활용하라.

8. 비 처벌적인 해결책을 만드는 것에 초점을 맞추라.

이런 기본요소를 준수하는 것을 통해 학생들은 자신들의 의견이 반영된다는 것을 느끼게 되고, 자신들의 필요에 따라 자발적으로 배우려는 분위기가 형성될 수 있다. 무엇보다도, 인생에서 중요한 삶의 기술을 배우는 가치 있는 교육 시간이 될 수 있다. 결국 학급회의는 학생과 교사가 하나의 교실 공동체를 만들어 가는 동안 필연적으로 생길 수 밖에 없는 문제와 갈등들을 성공적으로 풀어나가는 새로운 해결 과정을 발견하는 기회가 될 수 있다. 아래에 나오는 서클모임 과정은 이런 분위기를 조성하기 위한 훌륭한 접근 방법을 제시해 준다.

서클Circle모임

회복적 정의 실천 영역에서 점차 확대되고 있는 방식이 서클모임이다. 서클모임은 비단 범죄와 비행같은 잘못된 행위에 대한 접근뿐만 아니라 공동체적 사안이나 문제 해결, 그리고 복잡하고 어려운 이슈에 대한 대화 방법으로도 널리 활용되고 있다. 원래 북미 원주민인디언들의 전통에서 유래한 서클모임은 갈등이나 피해의 당사자만을 참가 대상으로 보지 않고 공동체 구성원 모두에게 참여가 개방되어 있는 것이 특징이다.

**서클모임은
순서를 따라 깊이
생각하는 과정을 통해
긍정적 가치를
강화시켜준다**

피스메이킹 서클, 치유서클, 대화서클 등 매우 다양한 이름과 형태로 서클모임은 진행되고 있다.[20] 어떤 서클 과정을 선택하든 대개 둥글게 둘러 앉는 구조를 취한다. 키퍼keeper라고 불리는 한 두 명의 진행자가 모임을 진행한다. 흔히 토킹스틱talking stick이라고 부르는 작은 막대기또는 상징물를 시계방향으로 돌리면서 진행을 하는데 이 나무 조각을 가진 사람만이 발언을 할 수 있는 권한을 갖는다. 만약 발언을 하고 싶지 않을 경우 그냥 옆으로 스틱을 돌리면 되고 한 번에 한 명만이 발언을 할 수 있다.

처음에 진행자가 이 서클모임이 갖는 의미를 소개하는 것으로 모임은 시작된다. 이후 진행자는 미리 준비한 함께 논의해야 할 주제나 질문을 제시하고 토킹스틱을 옆으로 돌리면서 차례로 이야기를 시작한다. 서클모임은 한 번만 하는 것이 아니라 대개 몇 번씩 돌아가며 진행이 된다. 서클모임에서는 한 번에 한 사람만 이야기할 수 있기 때문에 다른 사람의 이야기를 객관적으로 들을 수 있고 자신의 생각을 정리할 수 있다는 점에서 회복적 학생생활교육과 평화학교 운동이 추구하는 가치를 잘 반영하는 체계적인 과정이라 볼 수 있다. 다음은 서클모임의 몇 가지 핵심적 요소들을 보여준다.

서클모임의 주요 요소
서클모임은 다음과 같은 전제를 기초로 이루어진다.

● 우리는 적절한 방식으로 다른 사람과 서로 연결되고 결속되기를 원한다.
● 각 사람은 공동체의 귀중한 구성원이며 각 사람의 신념은 존중되어야 한다.
● 우리는 서로가 적절한 방식으로 연결되고 결속한다는 것의 의미를 이해하고 공감한다. 비록 서로 적절히 연결되고 결속한다는 것과 그런 가치를 따라 행동한다는 것이 쉽지 않다는 것-특히 갈등이나 불편한 대화를 겪을 때-을 잘 알지만

서클모임 진행자
● 서클을 통제하는 것이 아니라 모든 참가자들이 자기 본연의

모습에 충실하도록 돕는다.

● 투명하고 개방적인 분위기와 자유로움 속에서 서로를 존중할 수 있는 공간을 창출하도록 돕는다. 이 말의 뜻은 언제, 어떻게 개입해야 하는 지와 언제 모임을 열고 종결할지를 아는 것, 휴식을 언제 가질 지, 참가자들에게 서로 동의한 기본규칙을 잘 지키도록 인지시키는 것 등을 모두 포함한다.

● 서클에 참여자로 동참하는 것이지 그냥 관망하는 관중이 아니다.

● 조정자나 그룹 토론에서처럼 일반적 의미의 진행자로 여길 필요는 없다. 서클모임 진행자는 어떤 권한을 갖는 것이 아니라, 다른 사람들이 서클모임의 가치를 지키게 하는 책임만 수행하면 된다.

토킹스틱Talking Stick

● 그룹이 받아들이기 쉽고, 사용이 용이한 것으로 그 그룹에 특별한 의미가 있는 물건이면 좋다.

● 토킹스틱은 자신의 이야기보다 남의 이야기를 들을 수 밖에 없는 환경을 제공하기 때문에 경청과 반응을 배울 수 있는 좋은 기회를 준다. 참가자는 다른 사람의 이야기를 듣고 즉각적으로 답변할 말을 생각하는 대신에 자기가 할 말의 의미와 영향에 대해 한 번 더 생각해 보게 된다.

● 바로 받아치는 방식이 아니기 때문에 소모적인 일대일 논쟁을

미연에 방지할 수 있다.

- 토론에 대해 공동으로 책임져야 한다는 점을 확인할 수 있다.
- 모든 참석자에게 동등한 기회를 제공하기 때문에 평등을 강조한다.
- 말을 잘 하는 사람들과 경쟁하지 않아도 되기 때문에 평소에 발언을 잘 못하던 사람에게도 발언 기회가 주어진다.

토킹스틱을 사용할 때의 원칙

- 동의하지는 않더라도 남의 발언을 존중하라.
- 자신에게 토킹스틱이 있을 때에만 발언하라.
- 남에 대해서가 아니라 자신의 의견이나 느낌만을 정직하게 말하라.
- 다른 사람들도 발언을 할 수 있도록 자신의 발언시간을 적절히 조절하라.
- 원한다면 발언하지 않고 토킹스틱을 그냥 옆 사람에게 넘겨도 된다.
- 그룹의 동의 하에 만들어진 비밀보장의 원칙을 지키라. 서클 안에서 나온 이야기는 서클 안에서만 남도록 하라.
- 서클 안에서는 옳거나 그른 답은 존재하지 않는다.

서클모임은 다양한 형태로 존재한다. 예를 들어, 보스턴에서는 도시의 갱단 폭력과 긴장을 완화하기 위해 서클모임을 사용한다.

이 서클모임에는 갱단 멤버와 경찰, 지역공동체 대표, 정치인, 공무원 등이 참석하여 서로의 입장을 이해하고 폭력을 줄이기 위한 논의를 함께 진행한다.[21] 위스콘신의 베론Barron County에서는 초등학교 교사들이 다양한 학급회의에 서클모임을 활용한다.[22] 아래는 이 교사들이 활용하는 서클모임 적용의 일부분이다.

하루의 시작으로써 서클모임 활용초등학교

새로운 하루를 시작할 때 서클모임을 활용하면 학급규칙, 학생에 대한 교사의 기대와 교육 가치 등을 이해시키는데 많은 도움을 줄 수 있다. 또한 전날 일어났던 학생 사이의 문제나 긴장에 대해서도 다룰 수 있는 좋은 기회를 얻게 된다. 매일 아침에 하는 이런 서클모임에서는 아래와 같은 질문이나 이슈를 제기할 수 있다.

● 지난 밤은 별 일없이 지냈니?
● 요즘 고민되는 일은 어떤 것들이니?
● 오늘 주어진 일들에 대해 어떤 생각과 느낌이 드니?
● 오늘 하루 일과에 대해 구체적으로 정리해 보자.

일과 중 서클모임 활용초등학교

서클모임은 학급에서 발생하는 다양한 문제를 다루거나 학생들 사이에 어떤 긴장관계가 형성되었을 때 활용할 수 있고, 때로는 의사결정을 함께 해야 할 때에도 사용할 수 있다. 이 과정을 통해 정직, 책임, 역할, 배려 등의 가치를 가르칠 수 있는 문제해결의 장을 교실에 제공할 수 있다. 서클모임은 다음 사항들을 다루기에 적합하다.

- 학생의 행동 문제: 심한 장난, 괴롭힘, 물건 훔치기, 싸움, 위협 등
- 축하: 생일축하, 기념 이벤트
- 브레인스토밍Brainstorming: 글짓기 아이디어, 학급비의 사용 용도, 학급과제
- 토론: 뉴스기사, 최근 이슈, 책, 논쟁 거리, 학생들의 관심사
- 재미: 스토링텔링, 협동 활동

하루의 마무리로써 서클모임 활용초등학교

아래와 같은 목적으로 서클모임은 하루를 정리하는 마무리 활동으로 활용할 수 있다.

- 각자에게 그날 있었던 일에 대해 나누는 시간
- 그날 학급에서 있었던 갈등이나 문제에 대해 나누는 기회
- 학급 외에 학교에서 벌어지고 있는 다른 일들에 대해서도 이야기 하는 시간
- 하루를 정리하고 마치는 활동 오늘 하루가 어땠는지 한 마디씩 돌아가면서 이야기 하는 시간

서클모임은 친구들 사이의 있었던 일을 교육적 차원에서 다루는

일이나 교사와 학생 사이의 이슈를 다루는 데도 사용될 수 있다. 다음에서 미국 버지니아 주 헤리슨버그Harrisonburg에 있는 대안학습 센터Alternative Learning Center에서 사용하는 '작별서클' 모임에 대해 알아보자.

'작별서클' 모임

작별서클모임은 버지니아 소재 공립 중학교 2학년 학생들 가운데 학교 문화나 사회성에 부적응을 나타내는 학생들을 모아 대학과 연계하여 실시한 대안교육 프로그램의 한 부분으로 매우 중요한 문화 현상으로 자리잡았다. 이 프로그램에 참여하는 학생들은 대학생들에게 멘토링이나 개인지도를 받고 프로그램 진행자들에게서는 회복적 정의 원칙을 커뮤니티 교육 과정을 통해 배우게 된다.

학생들이 이 프로그램을 이수하고 떠날 때나, 대학생 멘토들이 봉사활동을 마치고 떠나는 학기 말이 되면 작별서클모임을 통해 함께 했던 시간을 기념하고 서로의 장래를 격려하고 축복해 준다. 서클모임의 활동이 어떻게 구성될지는 대개 학생들이나 멘토들의 아이디어와 필요에 맞춰 짜인다. 가장 대표적인 활동은 씨앗심기로 커다란 네모 모양의 용기에 흙을 넣고 물병과 씨앗잔디, 꽃 등을 준비하여 서클의 가운데 테이블 위에 놓아둔다. 한 사람씩 나와서 흙에 씨앗을 심고 물을 주면서 자신이 전체 그룹을 위해 무슨 씨앗을 심었는지 설명한다. 예를 들어, "여러분은 어쩌면 제가 엄두도 내지 못했을 일을 하게 도와주었습니다. 저는 감사의 씨앗을 심었습니다." 이 의식을 통해 참가자들은 앞으로 시작될 새로운 일이나, 학기, 관계에서 희망을 계속해서 이어가겠다는 의지를 다진다.

서클모임은 긴장이 고조되었을 때도 활용할 수 있다

이런 의식이 끝나면 이어서 떠나는 사람에게 하고 싶은 말이나 간직하기를 바라는 도전적 질문들을 카드나 종이에 써서 전달한다. 또한 단체사진이나 콜라주를 만들어 전달하기도 한다. 어떤 경우에는 장미와 가시 달린 줄기를 각각 준비하여 그룹 안에서 돌리면서 이야기를 하기도 한다. 참가자들이 가시줄기를 돌릴 때는 자신이 성장하면서 힘들었지만 중요했던 시간에 대해 이야기를 나누고, 장미를 돌릴 때는 함께 했던 좋았던 시간에 대해 이야기한다.

한번은 프로그램 진행자가 소금물이 담긴 그릇과 포도가 담긴 그릇을 옆으로 전달하게 하였다. 소금물을 돌릴 때는 손가락으로 찍어 맛을 보게 하였는데 이것은 서로 함께 하면서 흘렸던 눈물을 상징하는 것이고, 포도는 한 알씩 먹으면서 서로 달콤했던좋았던 기억을 추억하도록 하는 상징이었다. 처음에 이런 활동에서 아이들이 자신의 감정을 잘 표현하지 못하기도 하였다. 특히 남자아이들이 눈물을 흘렸던 기억이 없다면서 소극적으로 나오기도 했다. 하지만 이 활동의 취지를 잘 설명하고 선입관을 갖지 않도록 하니까 나중에는 다시 하자고까지 했다.

거의 모든 작별서클모임은 음식을 나누는 것으로 끝을 맺는다. 심리학자들의 말에 의하면 사람들은 대개 처음과 마지막을 가장 많이 기억한다고 한다. 우리는 각자의 삶에 특별한 기억을 남긴 사람들을 기쁨으로 떠나 보내면서 미래에 함께 공동체를 위해 씨를 뿌리는 것이다.

교직원 서클모임

미네소타 교육청의 예방전문가 낸시 리에스텐버그Nancy Riesten-berg는 학교관리자가 교직원회의, 직원 간 갈등, 학기 시작 전 교직원 교육에 서클모임을 활용하는 방안을 제안한다.[23] 최근 학교가 겪고 있는 많은 어려움에 대한 대응책에 하나로 제시된 서클모임은 교직원의 정신적 필요를 충족해주고, 리에스텐버그가 말하는 소위 "공감 피로증"compassion fatigue,역주: 처음에는 관심을 갖고 학생들을 대하지만 계속 공감하며 학생들을 대하다 보면 어느 순간 한계에 부딪혀 나중에는 별 의욕을 갖지 못하게 되는 증상을 적절히 해결해 주는 역할을 해 왔다.

회복을 위한 학교 서클모임

미네소타 주의 PEASE 아카데미에서는 약물중독으로 회복과정을 밟고 있는 청소년들이 순탄하게 학교 공동체로 복귀하는데 있어 먼저 해결되어야 할 복잡한 문제들을 다루는데 서클모임을 시행하고 있다. 이 아카데미의 교사인 엔젤라 윌콧Angela Wilcox은 서클모임의 중요성에 대해 다음과 같이 증언한다.

"어떤 학생이 (약물과 같이) 매우 심각한 문제로 학교 공동체를 떠나야만 할 때 학생 개인의 프라이버시를 침해하지 않으면서 전체 학급이나 학교에 전달할 수 있는 적절한 방법을 찾기란 매우 어렵다. 서클모임은 이러한 문제들을 모두 바꿔놓았다. 우리 학교에서는 학칙 위반이든, 무단 결석이든 자신의 행위의 결과로 정학 처분을 받게 되는 학생들에게 교실을 떠나기 전에 학교 측과 서클모임을 가질 수 있는 선택권을 주었다. 이 서클모임은 이를 선택한 학생이 자신의 문제에 대해 참가자에게 직접 설명하고 필요할 경우 개선을 위한 행동 변화를 약속하며 다른 사람들의 이야기와 지지를 직접 들을 수 있도록 설계되었다. 이렇게 함으로써 모든 구성원이 어떤 일이 있었는지와 왜 이 학생이 떠나야만 하는지를 분명히 알 수 있게 되었다. 또한 당사자로부터 직접 해명을 들을 수도 있고 자신들의 분노, 실망, 지지, 이해 등을 표현 할 수 있는 기회를 갖기 때문에 이 일 이후에 어떤 소문(가십)이나 험담을 줄일 수 있었다."[24]

당사자 대화모임

심각한 피해가 발생했을 때 회복적 학생생활교육은 피해를 입힌 쪽과 피해를 입은 쪽이 같이 이야기 할 수 있는 기회를 제공한다. 대화모임은 양측이 어떤 경험을 했고, 어떤 감정 상태를 느꼈으며, 상황을 바로잡기 위해 무엇이 필요하고, 앞으로 재발 방지를 위해서는 어떻게 해야 하는지 이야기 할 수 있게 해준다.

대화모임은 아래와 같은 내용을 이야기 할 수 있는 자리를 제공한다.

- 무슨 일이 있었는가?
- 그 일을 겪으면서 가졌던 감정은 어땠는가?
- 잘못된 것을 바로잡기 위해 무엇이 이뤄져야 하는가?
- 앞으로 이런 일이 재발하지 않기 위해서는 어떻게 해야 하는가?

당사자들이 직접 문제를 풀어가는 과정은 경우에 따라서는 특정 그룹의 참가자들이 둘러앉는 서클모임이 적당한 때도 있고, 뉴질랜드나 다른 나라에서 운영되고 있는 가족 집단 협의회Family Group Conference나 지역 공동체 협의회Community Group Conference와 유사한 형태로 나타날 수도 있다.[25] 후자의 경우 결과나 결정에 대해 일정 정도 권한을 부여 받은 사람이 필요할 수 밖에 없다. 이 경우 피해의 직접적인 연관성을 가진 직접 당사자와 최소한의 가족만이 참석하는 피해자–가해자 대화모임의 형태를 띠는 경우가 많다.[26]

어떤 형태의 대화모임이든 공통점은 모두 이 과정을 위해 특별히 훈련된 사람들이 모임을 진행해 나간다는 점이다. 훈련된 진행자는 구체적인 피해 상황과 가해자의 행동 패턴에 대한 분명한 이해가 있고, 참가자들이 함께 모여야 하는 시기와 준비할 것들에 대한 적절한 판단 능력을 갖춘 사람이다. 또한 진행자는 중립을 유지하는 것이 중요하고 모든 사람이 안전하게 느낄 수 있는 환경을 창출할 수 있어야 한다. 이렇듯 피해자–가해자 대화모임과 조정mediation은 진행자에게 특한 훈련을 요구한다.

피해자–가해자 대화모임은 전 세계적으로 실천되고 있는 대표적인 회복적 정의 프로그램이다. 미국에서만 500여 개가 넘는 프로그램이 주로 형사 사법 분야에서 시행되고 있다. 주로 사법 시스템으로부터 의뢰된 사건들이 특별한 목적으로 지역 공동체 안에 만들어진 피해자–가해자 프로그램에서 다뤄진다. 진행자들이 의뢰 받은 사건을 각각 적절성 여부를 판단하여 선정하면, 참가자들은 각 진행자와 별도의 준비모임을 통해 자신의 기대와 참가 여부를 확정 짓게 된다.

다음은 한 학교에서 진행된 공동체 대화모임을 정리한 내용이다.

OOO씨는 회사를 은퇴하고 소일거리를 찾다가 동네 학교의 버스운전기사로 일하기 시작했다. 지난 3년 동안 이 직업에 재미를 느끼고 열심히 일해 왔고 이 일로 인해 생기는 수입을 모아서 최근에 새로 자동차를 구입할 수 있었다. 자동차를 구입한 지 한 달 정도 지났을 무렵 어느 날, 마지막 학교버스 차량을 운전하고 주차장에 가보니 본인의 차 양쪽 측면이 날카롭게 긁혀 있었다. 당장 그 길로 교무실로 찾아가 교감에게 이 사실을 알렸다.

교감은 즉시 그 차를 긁은 학생이 운동부에 속한 학생이란 것을 짐작할 수 있었다. 왜냐하면 펜스로 둘러쳐진 그 교직원 주차장은 오직 운동부 학생들만 지나다니도록 허락된 길이었기 때문이다. 교감은 그날 연습이 있었던 여자 하키 부와 남자 육상부 학생들을 소집시켰다. 세 학생의 이름이 의심스런 사람으로 거론됐지만 세 사람 모두 자신들은 이 사건을 모른다고 시치미를 뗐다. 며칠에 걸친 면담과 질문 끝에 한 학생이 친구들과 셋이서 육상화 바닥에 달린 클리트로 차를 긁었다고 시인했다.

사건 발생 몇 후, OOO씨는 '지역공동체 정의센터'로부터 자신의 차를 긁은 범인이 그 학교 학생 세 명으로 밝혀졌다는 소식과 함께 이 학생들을 만나 직접 자초지종을 듣고 이야기 나누고 싶은지 묻는 전화를 받았다. 진행자가 OOO씨와 부인의 집을 방문했고 그 자리에서 이 부부가 겪은 어려움에 대해 들었다. 이 부부는 이번 사건이 몇 달 전 OOO씨가 버스 운전 중에 장난을 심하게 치는 학생을 혼낸 일과 연관이 있는 줄 알고 불안해 하고 있었다. 혹시 그 때 혼이 난 학생이 앙심을 품고 해코지를 한 것은 아닌지, 더 큰 일을 저지르는 것은 아닌지 걱정하고 있었다.

그 사건을 일으킨 학생들이 그가 혼냈던 학생과 관련이 없다는 것을 알게 된 OOO씨는 한편으론 안심이 됐지만 여전히 많은 의문과 염려로 가득했다. 부인도 물어보고 싶은 말이 많았지만 그 자리에 참석하는 것은 원치 않았다.

세 학생들과 보호자들도 진행자와 따로 만남을 가졌다. 그 자리에서 학생들은 그 차의 주인을 모르고 한 일이며, 자신들의 행동이 경솔하고 어리석었음을 인정했다. 그러면서 OOO씨와 만날 것에 동의했다.

사건이 있은 후 4주 만에 OOO씨, 세 학생, 보호자, 교감, 육상부 코치, 진행자 등이 참석하는 대화모임이 학교에서 열렸다. OOO씨는 세 학생의 행동의 결과로 생겨난 분노와 상심을 표현했고, 범행 이유도 누구의 소행인지도 몰랐기 때문에 겪을 수밖에 없었던 불안과 고통에 대해서 토로 했다.

세 학생은 OOO씨에게 어떻게 그날 일이 벌어졌는지 자세하게 알려줬고, 그 행동이 어리석고 충동적인 일이라는 것을 설명했다. 그리고 자신들에 의해 발생한 어려움에 대해 사과를 표현했다. 학생들의 학부모들도 자녀들이 처음에 잘못을 인정하지 않고 숨겨왔던 것에 대해 사과하고, 직접 아이들을 만나는 대화모임에 나오는 것을 동의해 준 것에 대해 OOO씨에게 감사를 표현했다. 그리고 이 일 때문에 혹시 OOO씨의 건강이 나빠지지 않을까 염려하는 마음을 전달하고 차 수리에 드는 비용을 변상할 것을 약속했다.

육상부 코치와 교감은 처음 학생들이 시인하지 않았던 태도에 실망을 표현했고, 그래도 나중에라도 자신들의 잘못을 뉘우치는 것에 대해 감사하게 생각한다고 말했다. 또한 교사로써 이번 불미스러운 일에 대한 책임을 통감한다고 말했다. 대화모임이 끝나면서 OOO씨는 자기 차로 학생들의 다음 시합 때 경기장까지 태워주고 시합하는 모습을 구경하고 싶다고 제안했고 모두 그렇게 하기로 동의했다.

무단결석 조정

무단결석 조정은 학생, 학부모, 교사, 관리자 등이 좀 더 편안한 분위기 속에서 학생의 무단결석 문제를 풀 수 있는 적절한 해결책을 찾는 과정으로 조정을 활용하는 것을 말한다. 대결 구도로 진행되지 않는 조정의 특성을 살려, 모든 참석자의 관심사와 관점이 방해 없이 안전하게 표출되고 문제를 풀기 위한 중립적인 합의에 도달하도록 하는 과정을 말한다. 1998~99년에 유타 주 웨스턴 조단 Western Jordan에 있는 웨스트 힐스West Hills 중학교와 유타 주 지방법원은 무단결석으로 인한 위법 행위를 방지하기 위해 무단결석 조정 시범 프로그램을 합동으로 실시했다. 이 프로그램은 무단결석 문제가 소년법원으로 바로 넘어오는 것을 방지하고자 조정 형식으로 당사자들이 해결하는 형태로 시행되었다. 역주: 미국의 몇몇 주州에서는 학교 무단결석이나 지각이 누적될 경우 교육법령에 의거 위법행위로 간주되어 해당학생이나 보호자에게 소년법원이 사법적 책임을 물을 수 있도록 법제화되어 있다.[27]

그 후 이 시범 프로그램은 유타 주 전역에 걸쳐 진행되었다. 2003년에 총 276건의 무단결석 사건이 조정 의뢰되었고 그 참가 학생 중 75% 이상의 학생들이 향후 학교 출석률에서 현저히 높아진 결과를 보였고 소년법원으로 다시 돌아오지 않는 결과를 나타냈다. 이 276건의 사건 중 100건은 초등학교 학생들에게 시범적으로 적용된 것이었다. 이 100명의 초등학생들의 경우 단지 5명만 소년법원의 최종판결을 받았다.

어떤 면에서 보면 유타 주의 모델은 전통적인 개념의 조정보다는 '지역 공동체 협의회'의 형태와 유사하다. 이 조정모임에는 학생, 학부모, 학교관계자주로 교감, 상담교사, 담임교사 등으로 구성된 등이 참석하며, 진행은 유타 주 소년법원 행정실의 지원을 받아 선발된 후 지속적으로 훈련과 감독을 받은 지역의 자원봉사 조정자가 담당한다.

무단결석 조정은 모든 참석자들이 상호 존중과 정직에 기초해 대화하게 함으로써 학생, 학부모, 학교 사이에 좀 더 건강한 의사소통이 이뤄지도록 돕고, 궁극적으로는 모두가 교육의 본래 가치를 찾아 회복하는데 최선을 다하는 것을 목적으로 한다. 이 프로그램이 갖는 가장 긍정적인 측면은 학생들이 의사결정에 적극적으로 참여할 기회를 얻기 때문에 결정 결과에 대해 더 분명한 책임감을 느끼게 되고, 이를 이행함에 있어서도 성실을 더욱 더 기하게 된다는 점이다.

조정의 방해 요소로 지적되는 것은 일반 처벌에 비해 시간이 너무 오래 걸려1시간30분~3시간 학교와 학생에게 지장을 초래한다는 비판이다. 하지만 유타 주 프로그램에서 나타나듯이 그 결과는 투자 시간 이상으로 나타난다. 법원에 가지 않아도 된다는 점, 학교 공동체를 강화시키는 점, 같이 머리를 맞대고 문제를 함께 푸는 과정에서 학교와 학부모, 학생 사이에 긍정적인 관계를 형성하는 점 등은 시간 이상의 가치를 제공한다.

다음 이야기는 유타 주 지방법원에서 있었던 한 사건의 조정사례를 보여준다.

사건이 조정으로 넘어오면 처음에 학생과 학부모, 학교 관계자는 모두 서로를 어색하게 생각한다. 이 이야기는 조정 과정을 통해 이런 관계에 어떤 변화가 생기는지를 잘 보여주고 있다.

한 여학생이 학교를 무단 결석하다가 결국 수업 일수를 채우지 못해 처분을 받게 되었다. 학교는 학부모에게 수 차례 전화와 서면으로 이 사실을 통보하였지만 소용이 없어 결국 규정에 따라 무단결석으로 소년법원으로 보내게 되었다. 학교는 처음에 무단결석 조정에 대해 알지 못했지만 보호관찰관과 담당판사에 의해 사건이 조정으로 의뢰되었다.

학교와 교사는 조정자의 연락을 받고 참석할 것을 동의하였다. 담임교사는 조정자에게 학부모를 설득하려 했지만 별 소득이 없었다는 것을 설명했다. 또한 학부모가 법원으로 사건을 넘긴 학교 측에 대해 격분하여 교장에게 경멸적인 편지를 보냈다는 사실도 이야기 했다. 학교 측에 따르면 학생의 어머니는 자식이 아프다고 했지만 그 학생을 시내에서 본 사람이 몇 명 있었기 때문에 학교는 어머니가 거짓말을 했다고 생각하고 있었다.

조정자가 학생의 어머니를 만나자, 어머니는 자신이 학교로부터 공격을 받고 있다고 조정자에게 이야기 했다. 자신의 딸은 그 때 실제로 많이 아팠고 학교에 갈 수 없는 상황이었다고 말했지만 교장은 딸을 미워하고 선입견을 가지고 있었기 때문에 이를 믿지 않았으며, 그런 교장에게 화가 많이 났기 때문에 만나서 문제를 풀고 싶지 않다고 했다. 그러나 조정자가 계속해서 그녀가 겪었던 상황과 상한 감정을 들어주며 설득하자 결국 조정에 응하기로 했다.

조정이 시작되면서 어떻게 해서 학교에 결석하게 되었는지 이야기 해 달라는 요청에 학생은 울음을 터트렸다. 학생은 매우 두려워했다. 조정자는 이 자리가 처벌을 하기 위한 자리가 아니라 설명을 듣고 모든 참석자들이 학생을 위해 최선의 해결책을 찾는 자리라는 것을 설명하였다. 담임교사도 학생과 어머니에게 자신이 조정에 온 이유는 학생을 지원하고 해결방법을 찾기 위한 것이라는 설명하고 안심시켰다.

학교는 학생이 중학교에 올라가는 시점에서 학생의 아버지가 외국으로 일하러 가게 되었고, 어머니가 상당히 외롭게 지내게 된 것을 알게 되었다. 학생도 아버지를 그리워하면서 중학교 1학년 시기를 적응하는데 어려움을 겪었다. 그 때부터 학생은 소화 장애를 앓게 되었고 자주 신경성 복통을 겪게 되었다. 학생이 고통을 호소할 때 마다 어머니는 학교에 보내는 것이 안 좋겠다고 판단했지만 복통을 호소하는 날이 많아지니까 어떻게 해야 할지 몰랐다. 특히 학생의 어머니는 학교 홈페이지에 학교 등교와 관련된 정보와 처리하는 방법이 있는지 몰랐다.

조정 과정에서 학생의 어머니는 교직원들 중에도 자식을 키우고 있는 사람이 많기에 자신의 딸 문제에 도움을 주려는 사람이 있다는 점을 미쳐 생각지 못했으며, 학교와 학부모 사이의 대화의 중요성에 대해 알게 되었다고 말했다. 조정이 진행되면서 해결책이 마련되기 시작했다. 학생의 어머니는 학생을 학교에 보내기 전에 학생이 복통을 호소할 때는 학교에 바로 연락하기로 약속 했다. 또한 학교에서 복통을 호소할 경우 학교는 학생이 집으로 돌아가서 안정을 취하도록 어머니에게 연락하고, 필요 시 상담교사가 직접 학생을 조치 하도록 했다. 또한 상담교사는 이 학생이 학교에 다시 나오게 될 때, 다른 학생들이 이상하게 여기지 않도록 학생과 지속적으로 만나 학교 적응에 도움을 주기로 약속했다.

학교는 학생의 어머니가 학교 홈페이지에서 정보를 확인하는 방법을 설명하고 수업 일수를 채우기 위한 방법으로 방과 후 보충수업에 신청하는 지원서를 보내주기로 했다. 학생의 어머니는 학교의 도움 이외에 지역 공동체에 도움 받는 부분에도 관심을 보였고, 학교는 지역에서 도움을 줄 만한 기관과 단체의 명단을 보내주기로 했다.

학교, 학생, 학부모 모두가 이렇게 도출된 해결책을 서면으로 작성을 해서 동의했으며 60일 이후에 법원이 이 사건에 대한 최종 심리를 속개하기로 했다. 판사는 이 기간 동안 합의 사항이 성실히 이행되면 사건을 기각하기로 결정했다.

2개월 후 담임교사는 더 이상 이 학생에게서 출결 문제가 발생하지 않았다고 보고했고, 학생의 어머니는 자녀 문제로 학교에 전화를 걸어 문의하는 것을 더 이상 불편하게 느끼지 않게 되었다. 결국 학교와 학부모 사이에 신뢰의 연결고리가 생겨난 것이다.

괴롭힘Bullying

아마도 집단 따돌림을 비롯하여 학교에서 학생들 사이에 벌어지는 괴롭힘 문제는 오늘날 학교에서 발생하는 폭력 문화 중 가장 대표적인 형태일 것이다. 통계에 따르면 미국의 청소년 중 거의 30%가 괴롭힘을 당했거나 시킨 경험이 있다고 한다.[28] 요즘 대부분의 괴롭힘은 문자 메시지나 이메일을 통한 사이버 형태cyber bullying로, 폭력이 1분도 채 안 되는 시간에 거의 즉각적으로 이루어진다. 괴롭힘은 반복해서 지속되는 고의적 폭력의 형태로 물리적, 언어적, 관계적 형태로 나타난다. 관계적 형태란 어떤 사람과 의도적으로 거리를 둠으로써 관계의 고립이나 상처를 주는 형태를 말한다.

브렌다 모리슨Brenda Morrison은 자신의 글에서 학교에서 일어나는 괴롭힘 문제의 심각성을 지적하고 있다.

> 학교 내 괴롭힘 문제는 수 많은 학생과 부모에게 엄청난 스트레스를 주고 있으며 아주 오래도록 지속적인 피해를 남긴다. 괴롭힘은 반사회적 행동이나 범죄에 연루될 가능성 정도를 나타내는 척도가 되기도 한다. 괴롭힘의 가해자는 학교를 그만두는 경우가 많고, 피해자의 경우 높은 스트레스, 불안, 우울증, 질병 등의 증세를 나타내며, 자살 충동이 높게 나타나기도 한다.[29]

브렌다 모리슨은 괴롭힘 가해 학생의 행동을 변화시키고 학교를 안전하게 만들기 위해 회복적 정의 원칙에 입각한 접근 방법들이 더욱 확대되어야 한다고 주장한다.

2003년 청소년 사이의 폭력 범죄 실태조사에 따르면, 괴롭힘의 전염성 비율이 크게 확대되고 있음을 알 수 있다. "초등학교 6학년에서 고등학교 1학년까지의 학생들 중에 약 320만 명–거의 6명 중 한 명 꼴–이 괴롭힘 피해를 입었고, 약 370만 명은 가해자였다."[30] 아래의 세 가지는 괴롭힘 예방에 효과가 입증된 방법들이다.

● **올베우스**Olweus **괴롭힘 예방 프로그램**은 노르웨이의 덴 올베우스에 의해 개발되었다. 이 프로그램으로 노르웨이에서는 괴롭힘 문제가 50% 줄었고, 사우스캐롤라이나에서는 지역에 속한 6개 교육청 산하 39개 학교에서 시범 운영한 결과 20%의 절감 효과를 보였다.

● **가족과 교사 연결**LIFT **프로그램**은 10주 동안 진행하는 반 공격성 훈련을 통해 괴롭힘 문제에 대한 장기적인 해결이 가능하다는 것을 보여주었다.

● **놀라운 한해 프로그램**The Incredible Years은 2세에서 8세까지 공격성이 심한 아이들을 대상으로 만들어졌다. 이 프로그램은 학부모와 아이에게 문제해결능력 향상 훈련을 실시해서 반복적으로 나타나는 공격적 성향을 끊을 수 있었다.

괴롭힘 없는 학교를 지원하기 위해 회복적 학생생활교육에서는 '비난하지 않기' 접근no-blame framework을 시도한다. '공동체 전체를 위한 교육' 접근 방법에서는 학생들만을 위한 괴롭힘 예방 프로그램을 실시하는 것이 아니라 공동체 전체 구성원을 위한 교육 프로그램을 진행함으로써 어른들이 먼저 본을 보일 수 있도록 한다. 교사와 관리자도 충분히 특정한 사람에 대해 집단 따돌림 할 수 있고 그렇게 되면 학생들에게 위선적으로 보이기 때문에 교육 효과가 오히려 반감된다는 점을 잘 알고 있기 때문이다.

회복적 학생 생활교육은 비난하지 않는 환경을 만들어 학교 내 괴롭힘 문제를 예방한다

평화학교 운동에서는 서로 배려하는 문화를 창조함으로써 집단 따돌림 문제를 예방한다. 학교관리자, 교사, 학생, 학부모가 모두 모여 진행하는 서클모임을 통해 공정함을 향상시키고 안전한 학교를 만들기 위한 필수 요소인 상호협력 관계를 형성한다. 정기적으로 진행되는 서클모임을 통해서 학생들의 교육을 책임지고 있는 교사는 학생들 사이에 있는 집단 따돌림 문제를 인지하게 되고, 이런 경험을 나누게 함으로써 비폭력적으로 대화하는 방법을 배우고, 안전한 학급을 만들기 위한 기본규칙을 만들며, 좀 더 건강한 사고와 행동을 할 수 있도록 돕는다.

회복적 학생생활교육에서 괴롭힘이 생겼을 때 가장 중요한 목표로 삼는 것은 모든 학생의 회복과 재통합이다. 괴롭힘에 의해 영향을 받은 모든 사람의 회복을 위해 지역 공동체 협의회나 서클모임이 열리기도 한다. 이 기회를 통해 모든 사람이 어떤 피해가 발생했는지 알게 되고 책임과 재통합을 위한 계획을 함께 만들어 갈 수 있다. 그러나 괴롭힘이나 학교폭력의 피해자는 또 다시 피해를 입을 것을 두려워해 이런 직접 대면 형태의 그룹 대화모임에 참석하는 것을 꺼릴 수도 있다. 그런 경우는 당사자간 직접 대면 방식보다 아래에 설명하는 '어른 대 학생' 면담 방식을 통해 회복적 접근을 시도할 수 있다.

괴롭힘의 피해 학생과 가해 학생에 대한 별도의 일대일 방식의 회복적 접근은 아래와 같은 내용으로 진행된다.

- 우선 피해 학생과 만나 이야기를 듣고 잘못을 바로 잡기 위해 채워져야 할 학생의 요구가 무엇인지 파악한다. 이를 기초로 앞으로 안전을 위해 마련돼야 할 조치와 계획을 세우도록 돕는다. 만약 적절하다고 판단되면 그 내용을 동의서 양식으로 작성한다.

- 가해 학생의 관점을 이해하기 위해 개별적으로 가해 학생을 만나 괴롭힘을 시킨 동기는 무엇이었는지 물어보고 어떤 피해가 발생했는지 설명해준다. 자기성찰을 할 수 있도록 돕고, 어떻게 느끼고 있고 책임을 어떻게 지고 싶은지 생각하게 한다. 그리고 잘못된 것을 바로 잡고 현재와 미래에 좀 더 생산적이고 발전적인 행동을 하기 위해 앞으로 어떻게 해야 하는지 조치와 계획을 함께 만든다. 만약 적절하다면 그 내용을 동의서 양식으로 작성한다.

- 양측이 만나 각각 작성한 내용을 서로 알 수 있도록 설명하고,

이해하고 만족하는지 확인한다. 향후 이 약속이 지켜지고 있는지 점검하는 절차를 마련한다.

● 괴롭힘과 같은 폭력행위가 발생하는 원인과 환경을 분석한다. 어떤 특정한 상황에서 발생하는 것인지, 특정한 학생이나 그룹 사이에서 발생하는지, 특정한 장소에서 발생하는지, 심지어 특정한 시간에 발생하는지 등 모두 관찰하고 알아볼 필요가 있다. 또한 괴롭힘을 유발하고 자극하는 제도적, 구조적 상황은 무엇인지도 확인해야 한다. 이런 분석의 결과를 가지고 다양한 구성원(교사, 관리자, 학부모, 외부 전문가)으로 이루어진 학생간 괴롭힘 문제 해결을 위한 위원회나 그룹을 형성하여 함께 회복적 대책을 논의하는 것이 바람직하다.

괴롭힘을 시키는 학생의 변화를 위해 면담에서 할 수 있는 회복적 질문은 다음과 같다.

● 어떤 형태로 괴롭혔는가?
● 그런 행동을 하면 어떤 일이 생길 것으로 생각했는가?
● 상대(피해 학생)의 입장에서 생각해보자: 그 행동으로 상대는 어떤 느낌을 받았겠는가?
● 다른 사람이 자신에게 피해를 주었을 때 기분이 어땠는가?
● 모든 사람은 실수를 저지르고 누군가에게 상처를 줄 때가 있다. 중요한 것은 실수로부터 배우는 것이다. 스스로 실수를

고치는 사람이 되고 싶은가? 어떻게 하면 상황을 개선할 수 있을까?

● 상황을 개선하기 위해서 피해 학생은 무엇을 원할 것이라 생각하는가? 그 외에 어떤 일들이 이루어지기를 바라는가?

● 본인 스스로 이런 약속을 만들고 앞으로 지키기로 다짐했는데 언제, 어떻게 지킬 것인지 좀 더 세부적으로 설명해 줄 수 있는가?

● 약속은 만드는 것보다 지키는 것이 더 중요한데 가장 먼저 지킬 수 있는 일은 무엇일까?

● 앞으로 또 괴롭히고 싶은 상황이나 마음이 들 때가 있으면 어떻게 다르게 행동할 것인가? 그런 마음이 들어도 행동으로 하지 않았던 경우가 있었는가? 그 때는 왜 하지 않게 되었고 무슨 생각을 했는가? 앞으로도 그렇게 행동할 수 있겠는가?

사법부의 지역공동체 중심의 치안서비스Community Oriented Policing Service, COPS에서 발간한 보고서에서는 올베우스Olweus 괴롭힘 예방 프로그램에서 주장하는 '통합적 학교 접근방식' Whole-school approach 을 시행할 것을 권장한다.[31] 이 접근 방법에서는 학교의 전 직원을 훈련하고 반反 괴롭힘 규정을 전체 학교에 적용하기 위해 모든 교직원이 지속적이고 일관되게 괴롭힘 문제를 대응해야 한다는 점을 강조한다. 이처럼 괴롭힘 문제에 있어서 학교의 모든 영역에서 통합적으로 접근하는 방식이 한 두 개 개별 프로그램을 적용하는 식으로 접근하는 것 보다 훨씬 효율적인 것으로 나타난다.

**개별
프로그램보다
통합적 접근이
괴롭힘 예방에
더 효과가
있다**

이 통합적 학교 접근방식은 회복적 학생
생활교육의 철학에 있어서도 매우 중요한
시사점을 준다. 괴롭힘 예방 프로그램은 잘
짜인 프로그램이라 하더라도 개별적으로
시행할 경우, 자칫하면 이런 프로그램이 제
기능을 못하고 역효과를 낼 수도 있다는 것
을 보여주는 좋은 예이다. 지역공동체 중심
의 치안서비스COPS 보고서에서도 괴롭힘 문제에 대한 대응에 다음
과 같은 접근방식을 경계해야 한다고 충고하고 있다.

- 또래조정 접근. 클램슨 대학의 수 림버Sue Limber 교수에 따르
면, '괴롭힘은 더 힘이 센 아이가 힘이 약한 아이를 괴롭히는
행위이다.'[32] 따라서 어른들이 관여하지 않는 상태에서 또래
끼리의 조정은 피해 아이로 하여금 힘이 더 센 쪽을 인정하게
만드는 역효과를 가져올 수 있기 때문에 괴롭힘 문제를 예방
하는데 적절하지 않다.
- 무관용Zero Tolerance원칙. COPS의 보고서는 무관용 원칙은 학
생의 행동이 어떻게 바뀌는지에 대한 충분한 이해와 연구가
없는 상태에서 높은 수준의 처벌인 정학 처분이 내려지는 경
향이 많다는 문제를 지적하고 있다. 이런 접근은 정학이나 퇴
학을 당한 학생이 가정이나 지역 공동체에서 더욱 방치되도록

만들기 때문에 괴롭힘 문제를 풀 수 없는 결과를 초래한다.

● 피해 학생에게 단순히 잊어버리거나 당당히 맞서라는 충고. 이런 방식은 적절한 어른들의 개입과 관심 없이는 학교에서 발생하는 괴롭힘 문제를 대응하는데 비생산적일 뿐만 아니라 심지어 위험한 상황을 만들 수도 있다.

이상이 학교 현장에 회복적 정의를 적용하기 위한 적지만 필요한 모델들이다. 가능성의 문은 오직 우리의 상상력에 따라서 넓어질 수도, 좁아질 수도 있다는 점을 명심해야 한다.

제5장 • 다음 단계를 위한 아이디어

일부 학교들은 회복적 정의 방법론을 매우 진지하게 받아들여 학교에 잘 적용하고 있다. 아래 사례들은 회복적 정의 방법론 활용의 가능성을 보여준다.

통합적 학교 접근 방식Whole-school approaches

위스콘신 주 바론Barron에 있는 6개 교육청에서는 통합적 학교 접근식 회복적 정의 방법을 시행했다. 이곳에서는 학생들에게 교실은 물론, 복도, 운동장에서도, 또한 기타 특별 활동 중에까지 회복적 학생생활교육을 시행하고자 먼저 학교장과 교사, 직원들 모두가 회복적 정의에 기초한 훈련을 받게 했다. 또한 이들 교육청은 바론 시 회복적 정의 프로그램과 협약을 맺고 전문가를 학교로 파견해 개별 학교가 자체적으로 회복적 정의 훈련을 진행할 준비나 시설을 갖추지 못했을 경우, 교육 훈련과 대화 모임 인도, 서클모임 운영 등을 시행하도록 했다.

참고로, 이 책의 공동 저자인 로레인이 바론에 방문해 있을 동안 교사들 대상으로 아침에 회복적 정의 훈련 프로그램을 진행하고 있었는데, 쉬는 시간에 한 중학교로부터 그 학교에서 진행하는 서클모임에 참석해 달라는 요청을 받게 되었다. 그 학교 지도 교사가 프로그램 담당자에게 전화해 로레인이 갈등 중에 있는 중학생 여섯 명이 요청한 서클모임을 진행해 줄 수 있겠느냐고 물어 온 것이다. 우리는 서클의 목적과 기능에 대해 명확히 이해하고 있고, 모임 중 질문과 토론을 이끌어 줄 조정자가 함께 한다는 사실을 자연스럽게 생각하는 중학교 여학생들과 한 시간 가량 함께 앉아서 서클모임을 진행했다.

모임을 하는 동안 학생들이 서클에 대해 매우 만족해 하는 것을 알 수 있었다. 로레인은 그들에게 어떻게 서클모임을 요청할 수 있었느냐고 물어보았다. 한 학생이 답변하기를, "가끔 꼬여있는 문제를 풀려면 누군가의 도움이 필요하다는 걸 알게 되었어요. 그리고 이게 가장 좋은 방법이란 것도 알게 되었죠." 재차 어떻게 서클모임이란 것을 알게 되었느냐고 아이들에게 묻자, "아, 그거요? 우린 이거 3학년 때부터 했었는데…?"라고 대답했다.

개별 학교를 대상으로 회복적 정의 철학을 소개하는 사전 교육을 실시하다 보면, 이런 교육이 교사들에게 서클모임이나 당사자 대화 모임과 같은 다양한 형태의 회복적 학생생활교육 방법을 제시한다는 것을 알 수 있다. 이외에도 추가적으로 얻게 되는 교육 요소로 "공동체 배우기" 프로그램이 있다. 이를 통해 교사들은 소그룹에 참여해 보는 기회를 얻게 되는데, 학과 시작 전이나 방과 후, 점심시간이나 심지어 저녁 식사 이후 시간에 학생들을 만나서 이들에게 주어진 학교 환경과 실정 속에서 회복적 학생생활교육의 다양한 측면을 어떻게 적용할 수 있을지 연구하고 논의하는 것이다. 교사들이 학생들과 함께 보내게 되는 시간을 따져 보면, 상당히 많은 시간을 쓰게 되는 것을 알 수 있는데, 이런 시간 사용은 서로를 더 깊이 이해하게 되었다는 보상을 받는 것으로 상쇄된다.

잘못된 행동은 일차적으로 인간 관계에 손상을 입힌 것이다

"방과후 특별 모임"이나 세미나 역시 각 교육청이 함께 모여 개별 교육청의 경험을 공유하고 관련 지식을 강화할 수 있는 기회를 마련해 준다. 이런 특별 모임은 서로 협력할 수 있다는 면 말고도 교육적으로도 매우 유익하다.

끝으로, 공동체 연회 및 만찬 역시 좋은 실행 방법 중 하나이다. 이를 통해 학부모와 지역 공동체를 교육하고 정보를 공유할 수 있게 된다. 함께 식사하는 자리를 통해 회복적 정의의 철학에 대해 서로 나누고 교육청에서 실시하는 회복적 정의 방법론에 대해 토론하며, 지역 공동체의 참여와 지지를 끌어 낼 수 있다.

위스콘신 주 오시코시Oshikosh에서는 주 교육부가 각 교육청으로 하여금 개별 학교에 회복적 정의 서클모임을 도입할 수 있도록 허가했다. 그로 인해 현재 지역 교육청이 교육부로부터 2년짜리 프로그램을 지원받아 시행하고 있다. 이들은 서클 프로그램을 학생들의 무단결석, 갈등, 공공기물 파괴, 또래 괴롭힘 등의 문제를 해결하는데 활용한다. 아울러 이를 전통적 학생생활교육 방식의 대안으로도 활용하고 있다.

교육부의 이러한 지원은 교직원들에게도 이들이 수업 시간과 학교 내에서 회복적 정의 방법을 실천하고 배워갈 수 있는 기회를 준다. 교직원과 학생, 학부모들은 모두 학교의 이런 시범 운영을 통해 서클모임은 물론, 회복적 정의의 기초 원리에 대해서도 교육받게 된다.[33]

관계를 회복하는 학생생활교육Discipline that Restores

로잔느 클라센Roxanne Claassen은 캘리포니아, 레이진Raisin에 소재한 레이진 시립학교에서 중학생을 가르치고 있다. 남편 론 클라센과 함께 그녀는 자신의 수업시간에 매번 적용할 수 있는 평화만들기peacemaking 모델을 개발했다. 이들은 대략 10년 전에는 『바르게 세우기』Making Things Right라는 교안도 집필했는데, 레이진 시립 초등학교에서 이를 교재로 채택하기도 했다.[34] 학교 환경을 보다 평화로운 모습으로 만드는 것이 이 교안의 골자다. 「원칙에서 실천으로」From Principles to Practice라는 기고문에서 로잔느는 말하길,

전부는 아니지만, 대개 학생들이 겪는 문제는 학교 정책에서 비롯된다기보다 관계 문제에서 비롯되는 경우가 많다. 쥬디와 리사는 오랜 친구 사이였다. 그러나 이 둘이 동시에 한 남자 아이에게 관심을 갖게 되면서 관계가 틀어지고 갈등이 생기기 시작했다. 쥬

디는 더 이상 리사를 친구로 생각하지 않고 자기와 남자친구인 죠슈아 사이를 방해하는 위협적인 존재로 생각하게 되었다. 리사와 죠슈아는 같은 반이었기 때문에 환경상 자연스럽게 같이 있게 되었다. 죠슈아는 분명히 쥬디를 여자친구로 생각하고 있지만, 리사와도 역시 같은 반 친구로서 좋은 관계를 맺고 있었다.

관계가 꼬이고 갈등이 고조되자, 이들 중 아무도 문제를 해결할 방법을 생각해 내지 못했다. 학교에서 이들은 서로를 향해 욕설을 하기 시작했고 급기야 리사가 쥬디의 집에 전화를 걸어 난리를 피우게 됐다.

학교 측에서는 쥬디의 엄마가 도움 될 만한 사람에게 이 문제를 털어 놓기 전까지는 아무것도 알지 못했다. 다행히 우리 학교는 관계를 회복하는 학생생활교육 프로그램을 시행하고 있었다. 내가 학교에서 갈등 조정 담당 교사로 있었기 때문에, 그 여자 학생들과 엄마들에게 연락해서 만나서 함께 문제를 공개하고, 논의하면서 해결해 가자고 설득하여 모임 일정을 잡을 수 있었다. 이 사건은 '관계를 회복하는 학생생활교육'(Discipline that Restores)의 제1 원칙, 즉 "잘못된 행동은 일차적으로 관계를 깨뜨린 행위로 바라보고, 이차적으로 학칙 위반의 측면에서 생각할 것(왜냐하면 학칙은 인간관계를 안전하고 공정하게 보호하기 위해 마련된 것이기 때문이다)"[35) 을 적용한 좋은 사례다.

로잔느는 레이진 시립 초등학교가 지역 교육구 전체 졸업생 가운데 우등생을 33~45%나 더 배출할 수 있었다고 계속해서 글을 통해 전해 주었다. 그녀는 학생들이 이런 회복적 학생지도 교육 체계를 떠나게 되면 그들에게 어떤 일이 벌어질지 장담할 수는 없지만, 한가지 확실히 알 수 있는 것은 이들이 회복적 학생교육을 경험하게 된다면, 앞으로 살아가는데 있어서 일생토록 도움을 얻게 될 것이라는 말도 덧붙였다.

회복적 방법들

낸시 리에스텐버그는 자신의 책, 『교사를 위한 회복적 훈련 가이드』 *Aide, Administrators, and All the Teachers You Can Get: A Restorative Training Guide for Schools* 에서 학생들의 정학과 제적율을 현격히 증가시킨 학교 당국의 무관용 정책을 신랄히 비판하면서 동시에 미네소타 지역 교육청에서 실시한 회복적 학생생활교육 사례를 소개한다.[36]

4개 교육청에 3년간 회복적 학생생활교육 접근법을 교직원들에게 교육하여 평가할 수 있도록 교육 지원비가 지급되었다. 교육청은 회복적 정의 진행자들을 고용하여 학교장들을 서클모임에 참여시키고 교육하였다. 교직원들은 수업 운영과 서클모임에 대해 훈련 받았고, 학생들 역시 사회적, 정서적, 학문적인 문제들을 해결하는 법을 교육 받았다.

리에스텐버그는 1년 차 지원비 운영 결과에 대해 다음과 같은 세 가지 사항을 정리하여 보고하였다.

● 서클모임과 같은 회복적 학생생활교육 실천법은 정학 제도에 대한 매우 실질적인 대안이 된다.
● 회복적 학생생활교육의 철학과 실천법은 수업 운영과 교수법

에 적용되었다.

● 지원금으로 고용된 회복적 정의 진행자는 지원금이 소진되면 불가피하게 학교를 떠날 수 밖에 없었다.

일단 교육부의 지원금이 소진되면, 학교 당국으로서는 예산상 회복적 정의 진행자들의 고용을 유지하기가 힘들어진다. 이는 회복적 학생생활교육 실천법을 일관되게 시행할 수 없는 결과를 가져온다. 그러므로 2년 차 지원금으로는 학교장과 교직원들이 자신의 고유 업무와 더불어 회복적 학생생활교육 실천법을 통합해 나갈 수 있도록 이들의 역량 강화에 우선적으로 써야 한다. 기간 내에, 가령 700명 이상의 훈련된 교사를 양성하는 식으로 중요한 발전과 결과를 산출해 내, 지속적으로 회복적 학생생활교육이 지역 전반에 영향을 주고 있음을 입증해야 한다.[37]

청소년을 대상으로 많은 연구 결과에 따르면, 교육 환경은 학생들의 건강 상태를 개별적으로 돌보는 것만큼이나 중요하다. 교직원과 교장 등 교육계 종사자들의 역량을 강화해서, 이들이 실제로 문제해결 관리법이나 회복적 학생생활교육의 철학과 실천법들을 사용하게 한다면, 학생들로 하여금 자신이 유발하거나 저지른 행동과 결과에 대해 책임감을 갖게 하면서도, 이들이 꼭 필요로 하는 부분을 채워줄 수 있는 매우 실질적인 도움이 될 것이다. 교직원의 역량을 강화시키게 되면 장기적으로 얻게 되는 유익이 많다. 훈련받은 어른 한 명이 새로운 시도를 할 수 있다면, 어른들 전부가 이런 일을 함께 할 때 얼마나 달라질 지 상상해 보라.

행동하는 시민 정신

벨린다 홉킨스Belinda Hopkins는 자신의 책『정의로운 학교, 회복적 정의를 위한 통합적 학교 접근법』*Just Schools: A Whole School Approach to Restorative Justice*에서 영국의 회복적 학생생활교육 운동 사례를 소개한다.[38] 그녀는 "몇몇 학교에서 회복적 학생생활교육을 새로이 도입하는 경우를 볼 때, 어떤 학교들은 피해자─가해자 조정이나 대화 모임 등을 진행하려 하면서도 학생들을 회복시키고 사회에 재복귀 시키며 분열된 자아를 재통합하기 위해서 반드시 필요한 환경적 요인들은 신경 쓰지 않는데, 이것은 대단히 우려스럽다"[39]고 지적한다.

벨린다는 학교에서 시행하는 회복적 학생생활교육 운동이 당사자와 관련자들에게 서로를 경청하고 발생한 피해를 바로 인식하며 사과하는 단계에까지 이르게 하지만, 학교 밖 더 큰 공동체는 이런 지속적인 회복의 과정에서 주체로 참여하지 않고 자주 빠져버리는 수가 많다는 점을 염려하고 있는 것이다. 그녀는 책에서 진정한 회복적 정의 방법은 "관계를 문제 해결의 중심에 둔다"는 원칙아래, 사전 예방과 사후 회복의 측면이 함께 작동할 수 있어야 한다고 결론 맺는다.

도전 과제

이 책을 시작하면서 우리는 배움과 성장의 과정 속에서 공동체를 세우는 것과 그것의 중요성에 대해 이야기 했다. 물론 우리는 공동체로 사는 것이 얼마나 어려운 일인지 잘 알고 있다. 파커 파머 Parker Palmer의 말은 이점을 제대로 표현해 준다. 그는 일년 동안 공동체로 살아본 후 "공동체는 내가 가장 같이 살고 싶지 않은 그 사람이 사는 곳입니다." 라고 말했다. 두 번 째 해를 보냈을 때는 이렇게 말했다. "그 사람이 떠나면, 곧바로 다른 사람이 나타나 그 자리를 메우더군요."[40]

> "현재
> 하고 있는
> 자리에서 시작하라
> 그리고
> 거기서 더 해
> 나가라"

이는 어쩌면 다른 사람과 공동체를 이룰 때 생기는 지당한 일면이다. 드윗 존스Dewitt Jones도 자신의 작품, 「이 땅에 있는 아름다운 것들에 감격하라」Celebrate what's right with the world라는 영상물에서 그의 견해를 들려준다. "대부분 사람들이 그렇겠지만, 나는 보이는 것만 믿는다는 철칙으로 인생을 살아왔습니다. 하지만 내가 내셔날 지오그래픽에서 일을 하면 할 수록, 점점 더 사실은 그 원칙이 거꾸로 되었다는 것을 깨닫게 되었습니다. 말하자면, 세상이 돌아가는 이치를 볼 때, 내가 먼저 믿지 않는 한 그것을 이해할 수도 없다는 것을 알게 되었죠."[41]

우리의 인생이 우리가 보는 것과 믿는 것 사이 연속선 상에 있음을 인정하는 것은 중요한 일이다. 이점에 있어서는 회복적 학생생활교육 또한 똑같다. 인식, 교육, 구조적 변화와 학풍을 아우르는 통합적 학교적 접근법은 어쩌면 너무 거대한 산처럼 보여 일선 교사들을 압도해 버릴지도 모른다.

출발점은 어쩌면 회복적 정의의 가치와 요소가 이미 실천되고 있는 지점에서 할 수 있을 것이다. "현재 하고 있는 자리에서 시작하라 그리고 거기서 더 해 나가라"Start with what you do and do it better는 격언을 기억하자. 우리가 옳은 일을 표방하고 추구하면, 그릇된 일을 바로 잡는 일에 힘과 창의력과 영감을 얻게 되리라는 믿음을 가지고, 거기서부터 시작하자.

미주

1. (Berkeley: University of California Press, 1984), p.193

2. 위스콘신 주, 바론 시에 소재한 '바론 시 회복적 정의 프로그램' 담당자 코니 도일이 제공한 이야기.

3. 공저자 주디 H 뮬렛이 제공한 이야기.

4. Jane Nelsen, Lynn Lott, H. Stephen Glenn, *Positive Discipline in the Class: Developing Mutual Respect, Cooperation, and Responsibility in Your Classrooms*, 3rd ed. (Roseville, CA: Prima Publishing, 2000), p. 20을 보라.

5. Alfie Kohn, *Beyond Discipline: From Compliance to community* (Alexandria, VA: Association for Supervision and Curriculum Development, 1996) 과 John J. Wheeler, David Dean, Richey, *Behavior Management: Principles and Practiced of Positive Behavior Supports* (Upper Saddle River, NJ: Pearson Education, Inc., 2004).를 보라.

6. 뉴질랜드 모델에 대한 더 많은 정보를 얻고자 한다면, Allan MacRae and Howard Zehr, *The Little Book of Family Group Con-*

ferences: New Zealand Style (Intercourse, PA: Good Book, 2004)

7. (Intercourse, PA: Good Books, 2002)

8. *Emotional Intelligence: Why It Matters More Than IQ*(New York: Bantam Books, 1995) 중에서

9. 갈등해결 교육을 위한 샘플 교안을 보려면, Ricahrd J. Bodine, Donna K. Crawford, and Fred Schrumpf, *Creating the Peaceable School: A comprehensive Program for Teaching conflict Resolution* (Cahmpagne, IL: Research Press, 1994).

10. David W. Johnson and Roger T. Johnson, *Teaching Students to be Peacemakers* (Edina, MN: Interaction Book Co., 1995). 를 보라.

11. *Positive Discipline in the Classroom*, p.25 를 보라.

12. *Abba child* (Colorado Springs: NavPress, 2002) 에서 인용.

13. 'Ethos Walk' 은 30분에서 1 시간 가량 소그룹으로 편성된 선생님들이 특정 학구를 방문해 해당 학교 건물을 견학하는 것을 말한다. 소그룹은 집중적으로 교실, 복도, 도서관, 음악실, 휴게실, 체육관, 건물 외관 등 학교 시설을 돌아보고, 이런 환경들이 학생들에게 얼마나 긍정적 영향을 미치는지 평가한다.

14. 이런 교안들에는 의사결정, 조정, 협상, 비판 및 창의적 사고, 의사소통과 감성 이해 등을 습득할 수 있는 지식과 기술이 정리되어 있다. Richard J. Bodine and Donna K. Crawford, *The handbook of Conflict Resolution Education: A Guide to Building*

Quality Programs in Schools (San Franscisco: National Institute fro Dispute Resolution and Jossey–Bass Publishers, 1998) 을 보라.

15. Catherine Bargen 의 *Conversation Peace*는 참여자를 위한 훈련 교제와 워크북으로 활용할 수 있다.

16. 콜로라도 학교 조정 프로그램에 대한 더 많은 정보는 웹사이트에서 참고하라. www.csmp.org.

17. www.ncdjjdp.org/cpsv.html. 을 보라.

18. Katz and Gardner 를 보라. 인용된 모든 결과물이 이들의 연구에 나타난다.

19. 개정판, p 42.

20. 서클모임에 대한 전반적인 설명은 Kay Pranis, Barry Stuart, and Mark Wedge, *Peacemaking Circles: From Crime to Community* (St. Paul, MN: Linving Justice Press, 2003)『평화형성서클』(대장간 역간) 과 Kay Pranis, *The little Book of Circle Processes: A New/Old Approach to Peacemaking* (Intercourse, PA: Good Books, 2005)『서클 프로세스』(대장간 역간) 를 보라.

21. Howard Zehr 와 Barb Toews 가 편집한 *Critical Issues in Restorative Justice* (Monsey, NY: Criminal Jusitice Press, 2004), pp. 215-226 에 실린, Carolyn Boyes Watson 의 글, "What Are the Implications of the Growing State Involvement in Restorative Justice?" 를 보라.

22. www.bcrjp.org 를 보라.

23. 미네소타주 교육부는 수년간 회복적 정의를 학교에 적용하는 일에 관여해 왔다. 이들이 내 놓은 '회복적 방법들'에 관한 유용한 자료인 *Respecting Everyone's Ability to Resolve Problems*는 온라인에서 바로 구할 수 있다. http://education.state.mn.us/content/064280.pdf

24. 이 인용문은 PEASE Academy 에서 대화법과 인권을 가르치는 Angela Wilcox 이 쓴 "PEASE Academy"라는 글에서 발췌했다. 미네소네 교육부 홈페이지에서 전문을 볼 수 있다.

25. MacRae and Zehr, *The Little Book of Family Group Conferences*를 보라.

26. 이런 모델들은 하워드 제어의 *The Little Book of Restorative Justice* 『회복적 정의/사복 리틀북』(대장간 역간)에 간략히 소개되어 있다.

27. 관련 통계 자료들은 유타주 법원 행정국의 Kathy Elton 이 저자들에게 이메일로 협조해 준 것이다.

28. National Youth Violence Prevention Resource Center에 있는 "Facts for Teens: Bullying"을 보라. www.safeyouth.org

29. 그녀의 2002년 논문, "Bullying and Victimisation in Schools: A Restorative Justice Approach"를 보라. www.restorativejustice.org

30. 이 보고서는 www.fightcrime.org에서 확인할 수 있다.

31. Rana Sampson이 작성한 이 보고서는 www.cops.usdoj.gov 에서 확인할 수 있다.

32. 위의 책, pp. 23-24.

33. 추가 정보를 얻으려면, 오시코시 지역 교육청 홈페이지를 방문할 것. www.oshkosh.k12.wi.us

34. 이 교안에는 갈등 해결과 조정 기술 교육을 위한 32개 활동이 담겨있다. 이 책은 캘리포니아에 소재한 프레즈노대학(Fresno Pacific University) 부설 평화와 갈등 연구 센터에서 출간했다. 자세한 정보는 홈페이지 disciplinethatrestores.org에서 확인할 수 있다.

35. Conciliation quarterly 지, 19호(2000년 봄 판)에서 발췌. MCC 산하 메노나이트 조정 서비스(Mennonite Conciliation Services)로부터 허가 받음. www.mcc.org/us/peaceandjustice/mcs를 보시오.

36. VOMA Connection지, 13호. (2003년 겨울 판)에서 인용. 이곳에서 발행하는 피해자-가해자 조정협회 뉴스레터는 온라인에서도 볼 수 있음. www.voma.org

37. 미네소타 교육부에서 특별 지원한 회복적 학생생활교육 훈련에 대해 더 자세한 정보가 필요하다면, 낸시 리에스텐버그에게 전화-651.582.8433 이나 이메일- nancy.riestenberg@state.mn.us 로 연락할 것.

38. (London: Jessica Kingsley Publishers, 2005)

39. "Citizens in Action: Restorative Justice in Schools"를 보시오.

40. www.mcli.dist.maricopa.edu/fsd/afc99/articles/changel. html을 방문하여 "Change Community, Conflict, and Ways of Knowing to Deepen our Educational Agenda."를 보시오.

참고문헌

Bodine, R.J. and D.K. Crawford. *The Handbook of Conflict Resolution Education: A Guide to Building Quality Programs in Schools* (San Francisco: Jossey–Bass Publishers, 1998).

Claassen, Ron and Roxanne Claassen. *Making Things Right* (Fresno, CA: Center for Peacemaking and Conflict Studies, 1998).

Comfort, R. "Evaluating Restorative Justice for Schools," *The Leader*. Retrieved January 12, 2004 from http://education.umn.edu/EdPA/licensure/leader/2004Spring/Justice.html.

Daltan, Joan and Marilyn Watson. *Among Friends: Classrooms Where Caring and Learning Prevail* (Oakland, CA: Developmental Studies Center, 1997).

Hopkins, Belinda. *Just Schools: A Whole School Approach to Restorative Justice* (London: Jessica Kingsley Publishers, 2004).

Jonas, Trisha S. and Randy Compton. *Kids Working It Out* (San Francisco: Jossey–Bass; The Association for Conflict Resolution,

2003).

Katz, Joanne J.D. and Carol Gardner. "Restorative Justice: Circle Group Conferencing in the St. Joseph, Missouri Schools, 2002" (St. Joseph, MO: Missouri Western State College, 2002).

Kriete, R. *The Morning Meeting Book* (Greenfield, MA: Northeast Foundation for Children, 2002).

Lipchitz, Lola. *Restorative Justice in School Settings*. Retrieved January 15, 2004 from http://www.iapeace.org/rj%20 schools%article.htm.

Mirsky, Laura. "SaferSanerSchools: Transforming School Culture with Restorative Practices." May 20, 2003. Available on-line: http://www.restorativepractices.org.

North Carolina Department of Juvenile Justice and Delinquency Prevention – Center for Prevention of School Violence, 2003. www.cpsv.org.

O'Connell, Terry, Ben Wachtel, and Ted Wachtel. *Conferencing Handbook: The New Real Justice Training Manual* (Pipersville, PA: The Piper's Press, 1999).

Pranis, Kay. *The Little Book of Circle Processes: A New/Old Approach to Peacemaking* (Intercourse, PA: Good Books, 2005). 『서클 프로세스』(대장간 역간)

Statement of Restorative Justice Principles as Applied in a

School Setting (London: The Restorative Justice Consortium, 2003). www.restorativejustice.org.uk.

Zehr, Howard. *The Little Book of Restorative Justice* (Intercourse, PA: Good Books, 2002).『회복적 정의/사법 리틀북』(대장간 역간)

▣ 정의와 평화 실천 시리즈